怎样准备都不充分，怎样计划都赶不上变化。没有最佳时间，没有最佳体能。

现在，有最年轻的身体；**出发**，是最好的当下。

——Cat：跑者，写者 & Seeker

目录

前言

27 天，271 小时 45 分 02 秒，挪动 1272.32 公里，累计爬升 19564 米，这是怎样的一个极限挑战？

2023 年 4 月的我，就是在平均每天 10 小时超级马拉松距离的挪动中，27 天，用脚把 1200 公里的日本四国岛量了一遍，顺时针参拜了 88 座佛寺。

世界上有些事，一咬牙就做了，一拖就黄了。成与不成，就在一念之间。人生有时就得任性一把，集中力量干大事，做几张"大单"，让生命更有深度和广度，大放异彩。

2019 年才知道四国遍路，日本四国岛 1200 多年的步行环岛风俗。9 世纪空海大师绕岛一周，拜访，修建了 88 座佛寺作为环岛驿站。几百年后从僧人到平民也陆续开启 1200 公里打卡 88 座佛寺，追随空海大师足迹的苦修。四国把 88 座佛寺叫做 88 番札所，似乎是拜庙纳札的场所的意思，所以四国 88 所成了简称。也叫 88 灵场，灵场是坟地的意思，因为寺庙跟教堂一样，人鬼神共存。近些年不少老外也加入其中，四国遍路的宗教原因倒在其次了。

四国遍路可以顺时针（顺打），可以逆时针（逆打），也可以从任何一座庙开始，不拘一格。 顺时针要依次经过四国岛的四个县：德岛，高知，爱媛和香川。遍路上的88 座庙按修行次第分为四个阶段："发心的道场"（德岛县的 23 座庙），"修行的道场"（高知县的 16 座庙），"菩提的道场"（爱媛县的 26 座庙）和"涅槃的道场"（香川县的23 座庙）。88 座庙一次完成，叫通打，通し打ち，我是顺打通打。

走一遍，才体会到发心的重要， 修行的艰苦， 放下的轻松和觉醒的力量。

2017 年 16 天跑了西班牙的 800 朝圣法国之路，那条路其实跟四国遍路有一拼，可偏偏人家缔结的姊妹路是熊野古道，两者都成为联合国文化遗产。2019 年 6 月跑了熊野古道的中边路，也就 100 多公里，不过瘾，奇怪，这 100 多公里的路怎能和 800 多公里的路成为姊妹？后来发现四国遍路，原来真正的阿姊在这里！而四国遍路因缺乏宣传，并不广为人知。对于喜欢以跑步探寻未知的我，这条路从此在心底荡漾。

开始研究四国地图，我说四国岛的形状有些象澳大利亚，痴迷地理的老四打岔，一点都不象，他看的是细节，我外行地看个大概其。顺时针码一圈儿 1200 年的古道，不迷路至少也得 1200 公里，参拜 88 座佛寺，风餐露宿，这事儿一听，就是我的菜。

无论如何得跑一次。

可哪里找出一个月的时间？四国遍路有山区，雨水多，部分地区没有住宿，可能会有露宿。爬山，对付下雨，不容易。时间充裕的人，可以逍遥地用上 50 天，游山玩水。而我偏偏最奢侈的就是时间。充其量，30 天。

2020 年春天跨五，给自己应知天命之年的生日礼物，就这样愉快地决定了。

即便 25 年前，送一份如此"沉重"大礼，也消受不起。如今，老当益壮，体力和耐力强悍不少。

本以为训练跑超长越野多日赛，是成功完赛的关键，一做攻略才发现，大错特错。

由于四国岛在日本属于极其乡下，人民群众外语水平普遍不高，唯一官方语言仍然是日本话。所以对于众多老外，学习当地语言，成为四国遍路的标配。四国大多民宿都由老年人打理，许多不联网，需要至少提前一天电话预定，日本话的干活。还有迷路，问路，吃喝拉撒等等，总之，不讲日语，虽然也能熬过去，但日子艰难。连众多不识汉字的欧美老外，都要进行速成日本语强化，至少衣食住行，得烂熟于胸。

于是，2020 年除夕，毅然决然地写下新年决议第一条：学日语。

上大学的时候，北大选修过二外日语。还记得老师就是板书语法，学了一年，语法没整明白，也没张开过嘴，哑巴日语。后来听说，日语男生女生说得不同，女生讲日语，得跟女生学，而日语老师是男的，就更不敢张嘴了。

然而四国遍路，会讲日本话是生存必备，所以开始从头自学，用的是手机 App Duolinguo 多邻国，反正也不求信达雅，能够自由移动，吃饭住宿问路搞定就好。

2019 年在混沌中很快过去，50 岁的生日礼物，一个月走完 1200 公里的四国遍路在 2020 年年初提上议事日程：2020 年 3 月 7 日飞出香港，3 月 8 日开始遍路，生日前后结束，庆祝跨五。机票买了，前两三天的住宿定了，日语学了几句，身体状态不错。可人算不如天算，疫情打了所有人一个措手不及。2 月机票被取消，飞日本还可以飞，但想到各种不确定，以及遍路上有限住宿的关闭甚至庙宇的关闭，决定推迟。

没想到，一推就是三年。

然而好事多磨。不是一般地磨。心理学家普遍认为，疫情三年，人类尤其青少年的大脑发育如同一年。年过半百的我，则解释为世界按了暂停键，三年如同三天，冻龄三年，赚了。

三年前内心躁动，非它莫属，三年后心如止水，一切随缘。既然许过愿，2023 年初还是下定决心，要言行一致。再说，世界上有些事，如果是梦想级别的，一定得试一下，不做万一后悔呢？

为了克守诺言，为了无怨无悔，一念之间，踏上四国遍路。

跑过那么多超长多日赛，每天路上都可以码字，包括去珠峰的路上，去乞力马扎罗的山上，西班牙法国之路的 16 天，跑族 800 从井冈山到遵义，从上海到瑞金。然而四国是个例外，每天已使出洪荒之力动脚，再没有任何多余的精力动手。

所以本书的文字不是即时记述，而是赛后回忆总结，虽然少了现场的兴奋，但多了反思的淡定。

根据网传的高度里程图，我制定了 28 天计划，每天从 30 几公里到 70 几公里不等，从拜 8-9 座庙到没有一座庙不等。觉得自己的体能，经验和毅力，完成每一天的任务不难，唯一阻挡我的，是背包的重量。

于是，减重，成为出发前的主要工作。从背 MDS 撒哈拉沙漠 250 公里的背包，突然灵光一闪，改背大屿山 100 的越野包。这是一个重大决定，用极简包，决定了重量不能超过 4 公斤，否则包受不了。减来减去，出发时没水，没粮草，没纳经帐，没地图，4 公斤的背包上路，打败香港快运 7 公斤免费行李的梗，check in 轻飘飘就过关了。

然而还是高兴太早了。第一天背上水和食物，以及灵山寺买的纳经帐和地图，一下子沉重不少。没秤，感觉 5 公斤上下。出发体重介于 48.5-49 公斤，背包超出体重的 10%了。艳阳高照，第一天基本没跑，包不成比例地重。减重方式就是尽快吃完饭团，在便利店和饮料机前就喝完水，把重量放进肚子里。日元的硬币尽快花掉，垃圾及时扔掉。

可基本盘还是重，这在第二天爬上四国第一个"难所"近 800 米海拔的烧山寺体现得淋漓尽致。41 公里的一天已经觉得精疲力尽，这才第二天。在烧山寺背后的民宿，想了半天，最终决定把地图上的照片全部拍下来，书送给了民宿主人，至少减了一斤重量。

随后的日子减重一直是时时刻刻的坚守，多余的袜子送人，扔掉不舒服的墨镜，买的鞋送人，扔掉一条内裤，后来连备用口罩都扔了。Plan B 的顾虑基本打消，人生只能朝着一个方向滚滚而去，无法回头，没有 Plan B，所有的 Plan B 都是 Plan A，因此也无需远虑，接受近忧就不忧了。

第 8 天，香南市民宿水仙的老板娘主动帮我运包裹，头灯和备用手机给了她，59 公里后复盘，备用电话还是需要的，头灯在超长日也必不可少，雨天雨衣常备。经历了大雨大风迷路夜行的超长日，能撑下来，轻装是重点。于是萌发了把多余物品打包寄走的想法。

第 11 天，在四万十之宿，前台小伙子英文不错，终于搞明白宅急便如何运作，寄到第 3 天或者更后面的住宿。于是，几乎所有东西都成了累赘：洗漱包，多余的衣服裤子，多余的袜子，多余的防水包，背上只剩下两公斤。

原来远行两公斤足够了，于是，遍路成为两公斤人生。

做了 28 天计划，居然可以提前一天结束战斗，感觉非常不可思议。回来后阅读四国文字，得知有记载的自补给最快时间是 28 天。我的 27 天应该是 FKT Fastest Known Time 已知最快时间纪录了吧？

总结两个字，"放下"是关键。

遍路的魅力和神奇令人匪夷所思，每天早晨就如同打开一个盲盒，虽情节曲折平淡各不相同，而晚上的结局都是大团圆般的开心。

生活中何时何地何人能保证晚上都是开开心心的呢？

想当年，弘法大师踏上此路，荆棘密布，野兽成群，肯定没有便利店，也没有饮料售卖机。而我今天，要容易不知多少倍，吃喝总是可以找到，虽有蚊虫，但无猛兽。有先进导航设备，各种迷路无生命危险，只不过花絮般的小插曲而已。

所以写遍路，反而成为比走遍路更加很辛的旅程。一念之间，就踟蹰不前，必须积攒力量挣扎着一个字一个字向前爬。

完成一件有趣的挑战，珍藏在心中，现在又以更坚强的毅力将挑战落于纸上。千里之行，始于足下，十万言书，始于笔下。知道以后遇到任何困难都不会倒下了，这大概就是 1200 公里送给自己的珍贵礼物。对于读者，1200 公里的点点滴滴，如果能与你有 1 公里共鸣，那就当作一份真心的礼物吧，不谢！

Cat
2023 年 9 月 6 日于香港北角海逸酒店

引子

清晨的高野山，明明是五月，却清冷如初秋。空气中带着凛冽和清脆，6 点钟天已经亮了，刚刚从御殿川上的"一之桥"走过，沿着两公里镶着石灯的参道石板路蜿蜒而上，路两边是笔直的千年杉树，高不见顶。夹杂在树木间的是高高矮矮的墓碑，供养塔和慰灵碑。随处可见五轮塔，大大小小，宝珠形，半月形，三角形，圆形，方形石头自上而下交错叠加。昨晚夜游，惠光院僧人 Nori 指着这些石头问，它们代表了什么？我说，金木水火土？他笑，密教的世界自上而下空、风、火、水、地。原来金木换成了空风。

墓碑上有的已色彩斑驳，有的还崭新如初。织田秀长，丰臣秀吉，武田信玄，伊达政宗，德川吉宗，除了达官显贵，也有平民百姓，还有公司陵园如松下，日产，养乐多，难不成算死后福利？据说这里地上就有 20 万座陵墓，是世界上最大的墓地！然而从中穿过，没有阴森，没有恐惧，反而映着朝阳从树叶间隙渗进来的光，感觉有一股欣欣向荣的生气。

这两公里周边是高野山最神圣的奥之院，一个神奇所在，这里的平等和包容让人叹为观止！真言宗之外佛教各大宗派高僧圆寂后几乎都来这里报道，如净土宗的始祖法然上人，日本唯一可以吃肉结婚的佛教派别，又如净土真宗的开创者亲鸾圣人。世俗的仇人，死后在这里冰释前嫌：武田信玄和上杉谦信，川中岛之战的宿敌，死后相伴；织田信长和明智光秀，本能寺之变的恩怨，相隔不远；战国第一美女织田市和丰臣秀吉间的狗血，也免不了死后还见；德川家康与石田三成，关原合战的东西军对垒，也在此遥遥相望。

这些人生前或叱咤风云，或喜怒哀乐，或命运多踬，或睚眦必报，而死后的共同心愿，都是长眠于高野山。纳尼？

Nori 说，日本人死后都可以把锁骨埋在这里，希望离大师近一些。他口中的大师就在这条两公里墓地群的尽头。跨过御庙桥，便接近弘法大师空海的御庙了。

清晨入古寺，没人，只听到灯笼堂内朗朗的念经声。听不懂，但让人不禁循声而去。6 点是给大师送饭时间，此刻，大概是大师吃饭 45 分钟的诵经时间。灯笼堂内有两盏千年不灭的灯，地下法场则悬挂着无数盏人们祈愿的灯笼，因此而得名。然而最神奇的，则是传说里千年坐禅中的弘法大师……

拾级而上，从灯笼堂左侧绕过去，来到奥之院的尽头，葫芦形的御庙前。庙门拦着不能接近，前面案桌上供奉着各种花草器物。那人就在门后了！我屏住呼吸，试图从周边的种种探求那门后的气息。

834 年，门后那人指定此处建庙，一年后的 835 年阴历 3 月 21 日（阳历 4 月 22日），他入定留身，传说在御庙中清修到现在。Nori 讲，密教信奉的是大师还在，仍在禅定中。

有希望总是好的。

921 年，醍醐天皇梦到大师说衣服破了，赐号弘法大师。东寺长者（僧正）观贤带着天皇赏赐的御衣爬上高野山，进御庙传旨。观贤看见大师在打坐，据《今昔物语集》描述，"须发如缕如披，足有一尺多长"，于是用剃刀为大师理发剃须，换了衣服，门外贴上封条离开。此后，再也没人进过御庙。但每天由寺院的维那师（禅堂负责人，相当于内务总管）亲自送两顿饭，每年阴历 3 月 21 日，举行换衣仪式的传统，则持续了 1000 多年。

在奥之院作为厨房的"御供所"烹饪好供品，清晨 6 点和上午十点半，由维纳带领两名僧人运送到御庙前作为拜殿的灯笼堂，称"生身供"，这是真言宗信徒将近 1200 年的坚守。

据说，大师不时会去四国看看，因为每年换衣，上面都有很多尘土，风尘仆仆。刚刚经历完四国遍路，大师的传说，足迹和教导，无处不在。

没有游客，只有早晨的清冷。在灯笼堂外墙的长椅坐下，凝视御庙的包金门，聆听着灯笼堂内此起彼伏的诵经声，我深深地吸了一口气，又慢慢吐出，开始进入冥想状态：

大师，我回来了。1200 公里的遍路，88 所，顺时针参拜完毕。

感谢大师庇护和加持，让我今生体验了四国遍路的点点滴滴，顺利成就 27 天难以忘怀的日日夜夜……

Day 1 ｜2023 年 3 月 31 日　阴转晴
每个庙都要多花 10 分钟！

7 座庙：第 1 番竺和山一乘院灵山寺-2 番日照山无量寿院极乐寺-3 番龟光山释迦院金泉寺-4 番黑岩山遍照院大日寺-5 番无尽山庄严院地藏寺-6 番温泉山琉璃光院安乐寺-7 番光明山莲华院十乐寺

计划 17.1 公里

下定决心，开始四国的遍路之旅。怎样准备都不充分，怎样计划都赶不上变化。没有最佳时间，也没有最佳体能。

现在，有最年轻的身体，出发，是最好的当下。

于是，不多想了，开始行动。

53 岁，独自一人，二人同行，遍访四国的 88 座佛寺，实现 1200 公里遍路的愿望。这是三年以来记挂的一件事。二人中的第二人不是别人，正是弘法大师空海。

空海大师可是日本的名人。他不仅是日本佛教真言宗开山始祖，也是一位书法家，画家，作家，诗人，建筑家，教育家，是货真价实的"海归"，从海外唐朝归来的留学僧，把先进文化带回日本，是文化符号。在日本，大师特指空海。日语中就有一句格言："弘法夺 '大师' 之名，秀吉夺 '太阁' 之名，玄奘夺 '三藏' 之名"。弘法大师是空海的谥号。

他编撰《篆隶万像名义》，是日本第一本汉语词典；他诗词书画无一不精；佛学著作等身，有《辩显密二教论》，《秘藏宝钥》，《十住心论》，《付法传》，《即身成佛义》等。

815 年，空海大师 42 岁重走年轻时修行的四国山野，开创四国遍路。816 年，43 岁的他创建高野山道场。

821 年，他带领百姓 50 天修建满浓池，防洪灌溉，把不可能变为可能，为故乡人民造福，是位无师自通的建筑学家。

空海大师看到大唐不但有太学，教育贵族子弟，也有各种教育平民百姓的学校，因而 828 年在京都开设 "综艺种智院"，为庶民子弟打开教育之门，有教无类。

空海大师在世是一颗耀眼的明星，离世也成为照亮日本的太阳。921 年，醍醐天皇赐号弘法大师。1973 年，日本举行空海诞辰 1200 年纪念大法会。1984 年，日本举行入定 1150 年远忌大法会。他的出生和入定，都是特别的日子。2023 年，是大师诞辰 1250 周年，特别的年份，踏上遍路。

在真言宗信仰中，空海大师入定留身，一直在深度冥想中，1200 年从未离去。

空海大师是日本人心目中的大神，超越宗教信仰范畴。他建立的高野山金刚峰寺，如今成为日本的宗教圣地。他一生的传奇，浪漫和多才多艺，使得后世学者将其喻为日本的孔子，达芬奇，歌德，王羲之，亚里士多德。集古今中外大家于一身，是不可多得的天才存在。

与这样举世无双的天才大神同行，会是怎样的奇妙之旅？

（图片来自 https://www.worldhistory.org/Kukai/ ）

根据网传的高度里程图，制定了 28 天计划，每天从 30 几公里到 70 几公里不等，从拜 8-9 座庙到零座庙不等。觉得自己的体能，经验和毅力，完成每一天的任务不难，唯一阻挡我的，是背包的重量。

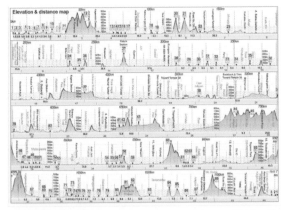

于是，减重，成为出发前的主要工作。从背 MDS 撒哈拉沙漠 250 公里的背包，突然脑筋灵光一闪，改背越野包。这是一个重大决定，用极简包，决定了重量不能超过 4 公斤，否则包受不了。

选择的所有装备都是不同极限挑战中用过的，比如大屿山 100 用的越野包，乞力马扎罗极限马拉松戴的帽子，珠峰马拉松，777 南极马拉松和北极马拉松用过的轻薄羽绒服，Camino 西班牙 800 朝圣穿的赛事 T 恤，UTMF 环富士山 165 用的防水手套……几乎每一件都有着"光荣"的历史，在遇到艰难困苦时，可以给自己勇气和力量。

（图片来自 https://henro88map.com/pdf/Henro-ENG.pdf
《四国遍路指南》）

　　减来减去，出发时没水，没食物，没纳经帐，没地图，4 公斤的背包上路，打败香港快运 7 公斤免费行李的梗，check in 轻飘飘就过关了。

　　2023 年 3 月 30 日，香港快运直飞关西机场。进入日本还需要各种码，好在只要打了三针疫苗，网上几分钟通过，蓝码，放行。晚上 8 点 45 分 1210 日元机场站出发，一路晚点快 10 点到大阪站。

　　在大阪站对面定了一晚酒店，说走路只要 3 分钟。可是出来就迷路了，用的是 Google 导航，居然站内站外找了 40 分钟。这点路都迷，1200 公里搞得定吗？

　　心里虽然忐忑，还是义无反顾，开弓没有回头箭。

　　入住大阪第一酒店快晚上 11 点了，大堂里居然那么多人，旅行团，导游，看来疫情前的热闹又回来了，只是大多数人还戴着口罩。2304 房间，高层，房间很普通，很小，一般到没留下什么印象，但似乎什么都不缺，厕所，淋浴，浴缸。这就是日本，不必奢华，简单舒服。没想到，以后的 20 多天，独立卫生间成为可遇不可求的奢侈。

　　有一小时时差，怕起晚了耽误早晨的大巴，跟前台要了 7 点叫醒。很久没有 morning call 了，都是自然醒。

　　没想到当地时间 6 点就醒了，天已经亮了。睡得一般。各种担心，深呼一口气，记得放松心情。7 点 20 分出门找长途汽车站，转半天，酒店前台是对的，一直走就到了。我对导航还不习惯，要相信自己的直觉和他人的指点。

　　热闹的大阪站买了饭团，西兰花，土豆泥，吃了一些，带一半作为路上补给。

　　8 点 10 分大阪站准时坐上长途大巴，几周前网上买的票，没什么人。车上除了我，都戴着口罩，车尾有厕所。中间在一个休息站司机停了 20 分钟吃早饭，我买了一个昆布饭团，Oishii，好吃。

　　到鸣门西 10 点 41 分。一下车就蒙了，好荒凉的高速，哪里有庙的影子？问了两个人才找到去灵山寺下山的路。原来要从山背后转下去，樱花灿烂，沿着县道 12 号走了 15 分钟，到了。

久闻大名的第一番竺和山一乘院灵山寺就在路边，普普通通，一番 San 太小了，平凡得太不起眼了。有些失落，大名鼎鼎的第一番商店在寺庙外面，也很小。倒是门前一番街很热闹。买了彩塑的小纳经帐，2340 日元，第一页灵山寺已经盖好章，比网上买的至少轻二两，满足了减重的心。又花 100 日元买了 100 张白色纳扎，每个庙都要用到，遍路人写上愿望，姓名和地址放入纳札筒，第一次走遍路要用白色。

空海大师年轻时遍访的四国寺庙，和创立真言宗后修建的寺庙统称"四国 88 所"，这条体悟佛学，苦旅修行的环四国 88 所徒步路线，称为"四国遍路"。"四国遍路"翻山越岭，足迹遍及四国东南西北，全部走完至少 40-50 天，考验人的体力和毅力，是空海大师倡导的行脚。

1200 年来，日本佛教徒，近年来海外佛教徒，以及海内外非佛教旅行者，前赴后继，重走当年空海大师的修行觉醒之路。

这次是给自己补过 50 岁，51 岁，52 岁和庆祝 53 岁生日，四年，叠加在一起，是件开心的事。从 4 月 8 号起，9，10，11，连续四天，安排了庆祝项目。等生日过完，再面对风雨吧。开赛前对于未知的无助和紧张，让我内心矛盾着，纠结着。30 岁时算命说我是自信满满的人，然而走上这条路之前，自信心去了哪里？

我的计划，28 天走跑完全程，极端挑战极限。出发前已经在脑海中过了无数遍这 28 天该如何度过，可再怎样筹划，真实的遍路总是超越想象。

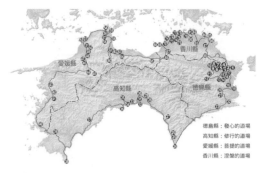

于是，减重，成为出发前的主要工作。从背 MDS 撒哈拉沙漠 250 公里的背包，突然脑筋灵光一闪，改背越野包。这是一个重大决定，用极简包，决定了重量不能超过 4 公斤，否则包受不了。

(图片来自 https://henro88map.com/pdf/Henro-ENG.pdf
《四国遍路指南》)

选择的所有装备都是不同极限挑战中用过的，比如大屿山 100 用的越野包，乞力马扎罗极限马拉松戴的帽子，珠峰马拉松，777 南极马拉松和北极马拉松用过的轻薄羽绒服，Camino 西班牙 800 朝圣穿的赛事 T 恤，UTMF 环富士山 165 用的防水手套……几乎每一件都有着"光荣"的历史，在遇到艰难困苦时，可以给自己勇气和力量。

"四国"一词在日本律令制时代（7 世纪后期–10 世纪）已经出现，指"赞岐国"（香川）、"阿波国"（德岛）、"土佐国"（高知）以及"伊予国"（爱媛）。灵山寺在鸣门市，德岛县，阿波国，顺时针走要经过高知、爱媛和香川，再回到德岛，从终点回到起点。

山高水长，任重道远。

在大师堂和本堂放了纳扎和手抄心经，作为第一番的开始，表示完成的诚意。

离开灵山寺前，对着本尊释迦佛祖，鞠了一躬。默默告诫自己：一路随遇而安，遇到什么事都不许着急上火。

没人注意，也没特别的仪式，我大中午的，当地时间 11 点 26 分，开始了 1200 公里的非人之旅。

有时，伟大的事情开端都特别平凡。

灵山寺，28 天以后我再回来。

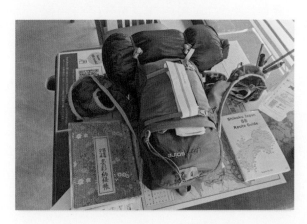

从一番背后右转上小路，有个叫大鸟居苑的旅馆，之前找第一番附近民宿，都满了，没看到这家。提前 4 周只订到 4 月 27 日完赛那天灵山寺对面 300 米的 Henro House, Ichiban monzen dori 一番門前通り，2800 日元素泊一晚。

11 点 52，两公里多到了 2 番极乐寺，红色的门楼。按照地图指示走遍路，但路标不清楚，绕了一大圈儿，问了两个人才找到，其实从灵山寺右转，沿着 12 号公路 1 公里多一点就到。路上居然有戴斗笠穿白衣的遍路人问我灵山寺怎么走，莫非那人是最后一天回到灵山寺终点？遍路对我太新鲜了，想都没想，告诉他右转再右转，我刚从那边过来。

极乐寺有个宿坊，对着大门，差点儿走进去，里面的人甚至迎了出来，我马上微笑，示意不进去了。这里的本尊是阿弥陀如来，根据东密，阿弥陀如来是大日如来的化身。密宗从印度传到唐朝，叫唐密。唐密再传到日本，真言宗叫东密，天台宗叫台密。出发前对这两密都不了解，只知道东密有座高野山，台密的比叡山有马拉松和尚。

极乐寺山名叫日照山，院名叫无量寿院，全称日照山无量寿院极乐寺。

四国的庙都有山名，比如第 1 番灵山寺叫竺和山，第 2 番极乐寺叫日照山，第 3 番金泉寺叫龟光山。但灵山寺和极乐寺这两个庙明明都不在山上，我想有点象古人取名，还取字号的道理。每座庙的本堂都有一个或几个本尊神佛菩萨，大师堂是供奉空海大师的地方。山名叫医王山的最多，药师佛为本尊的庙也最多，人们无法摆脱病痛的困扰，只好求助于神灵。大多数庙都有院名，比如灵山寺是一乘院，极乐寺是无量寿院。叫无量寿院和遍照院的庙很多。这些山名和院名都用汉字，很文雅，有很多寓意，寄托了人们的美好愿望。

第一次打卡，去纳经所盖了章，原来每个庙要盖四个章，篆刻的内容和形状各不相同。不过一般都是右上角"四国第几番"的竖长方形或椭圆形红章，左下方正方形寺名红章，中间红色的寺微，最多的是悉昙梵文阿字 A，大概因为阿字观是密教最重要最具代表性的冥想方法，左上角是红色，蓝色或绿色的文字印并带有年份"令和五年"。

纳经帐从左往右翻，首个签字页留给高野山奥之院，随后是一番灵山寺，买来就盖好了，其后寺庙按顺序，一庙左右两页，右边图文，左边留白。

极乐寺左上角的章是红色的"慈悲喜舍"，很是喜欢。 签字用毛笔，龙飞凤舞，一看就是练过书法的，看不出写的什么，不过黑色配红色很有美感。写完，纳经所的人示意吹风机，原来窗口旁边有两个吹风机，他比划着我打开，把毛笔字吹干，我恍然大悟，原来吹风机是干这个的。这种打卡方式跟 Camino 西班牙法国之路很不一样，纳经是遍路一大特色。

春意浓浓，樱花季节。到 3 番金泉寺有 2.8 公里，标示清楚许多，也渐渐离开繁忙的大路，寻找红色的遍路小人，电线杆子上，树干上，街道边的栏杆上，向前，向左，向右，仿佛在解锁城市密码。

十二点半，到 3 番龟光山释迦院金泉寺，本尊释迦佛祖，5 公里了。金泉寺有个井，传说照到脸就有好运，看不到脸三年内会挂。后来发现四国的寺庙有不少这样的井，同一个梗。去高野山，僧人 Nori 指着通往奥之院的井说，不要黑天照，对呀，颠扑不破的真理！响晴白日，脸的倒影清晰可见。

天好热，在金泉寺坐下来，吃了大阪买的饭团，好安静。如果有时间，真该坐下来好好欣赏寺庙的美。盛唐时的长安和洛阳，是否比这美 N 多倍？这些寺庙的建筑风格都是从唐朝借鉴回来的，原创应该比山寨更靓吧？

然而要赶路，无暇流连于庙宇楼阁之间，什么时候可以去掉赶路的"赶"字呢？

到 4 番大日寺有 5 公里，爬升 115 米，应该是今天最高的爬升。总有一种如梦如醒的感觉，心心念念筹划这么久的四国遍路，难道就真真实实地在路上了吗？总觉得不真实。

世界上的事情很奇怪，盼着盼着就来了，过着过着，就去了，带着淡淡的伤感。我哪里知道，看风花雪月流泪就今天还有多余的精力，未来数日遍路的碾压，什么儿女情长韶华易逝红颜易老的感慨都被压榨得无影无踪了。

离大日寺还有两公里多终于走上山径，碰到一对法国夫妇，他们不太讲英文，我的法文让日语取代，突然卡壳，连 Bonjour 都觉得是日语了。两夫妇今天就回国了，我祝他们好运 Bon Chance，感觉自己在说日语。

快到大日寺时是个大上坡，一对澳大利亚年轻夫妇迎面下来，跟他们打招呼，说回头见。

1 点 37 分，快 10 公里，到了 4 番黑岩山遍照院大日寺，宁静，东寺真言宗的庙。前三座庙都是高野山真言宗，这个改了派别。823 年（弘仁 14 年），嵯峨天皇把教王护国寺也就是京都的东寺赐给空海，东寺成为真言密教的根本道场，所以真言密教也叫东密。可为何还分高野山和东寺派？

4 番大日寺由空海大师开基，刻了一尊大日如来为本尊。这座大日寺史上经历多次废寺兴寺。本堂和大师堂回廊相连，寺内有 33 尊观音像，传说观音有 33 相。

大日如来依梵语可音译为毗卢遮那佛，"如来"是"佛"的意思，是释迦牟尼佛的三身之一，表示绝对真理的佛身，也是佛教密宗的最高神明。根据唐不空三藏所译《菩提心论》，大日如来为教化众生，将其自身具备的五种智慧变化为五方五佛：中央毗卢遮那佛 (大日如来) 代表法界体性智；东方阿閦佛（不动如来）代表大圆镜智；南方宝生佛代表平等性智；西方阿弥陀佛代表妙观察智；北方不空成就佛代表成所作智。东南西北的四方四佛，都是中央大日如来的报身。这是密宗金刚界的划分。

四国路上有三座大日寺，4 番，13 番和 28 番，今天是第一座。一些庙的本尊也是大日如来。偶像崇拜不是佛祖倡导的，后来的分支与世俗生活更加融合，大概这也是曲高和寡的佛教得以推广传承的原因吧？

大日寺里面拜庙，盖章出来，看到门口坐着两个年轻小伙儿，问他们从哪里来，答法国。这时，正好那对法国夫妇也到了，我连忙说，那你们聊吧。身后传来热烈的法语，他乡遇故知。

我接着去下一个打卡点。4 座庙了，对于路和方向还稀里糊涂，好在没怎么走错。但心里一直有个包袱，沉沉的，是对走错路的恐惧吗？哪天才能在路上游刃有余呢？

5 番地藏寺也不远，两公里，从 4 番大日寺折返，路上也有个小山径 Trail， 一路樱花盛开，如同儿时夏日午后睡醒的平和安静。状态不错，录音录像。快到时，看到全福寺，在 5 番背后，四国除 88 所外，还有 20 所别格寺庙，叫别格灵场，1966 年才成型，我没特别关注。

下午 2 点 12 分到了 5 番无尽山庄严院地藏寺，在门口问了人才找到正门，13 公里。

进门左边就是水琴窟，水滴下来发出清澈的琴声。地藏寺有释迦堂，本尊是胜军地藏菩萨，属真言宗御室派，宇多天皇（867-931）（退位后称宽平法皇）开宗。传说这里本尊地藏的胎内佛是由空海大师雕刻。

沿着山门一直前行，看到罗汉堂的标记。罗汉是佛陀证悟涅槃的弟子们，罗汉堂在寺后面的奥之院。200 日元买了门票先参观罗汉堂，200 罗汉神态各异，走马观花，似乎没有 500 罗汉。

地藏寺很大，有钟亭，旁边有大师像，这应该是我第一次见到大师全身塑像。纳经所签字盖章吹干，准备去 6 番安乐寺，离这里 5.3 公里。

最早订的森本屋民宿，就在 5 番门口，后来改住 7 番的光明会馆，第一天能多走一点儿是一点儿，因为明天要爬烧山寺。

天气好热，觉得快 30 度，阳光普照，一路后悔，衣服带多了。

樱花盛开，里程超额，继续一路向西，沿着县道 139 号。下午 3 点 26 分半来到 6 番温泉山琉璃光院安乐寺，累计 18 公里多了。安乐寺里有池塘，小桥，有宿坊，很有禅意。大门口又碰到大日寺路上的澳大利亚小夫妇，遍路很奇怪，碰到就是缘分，但缘分有深浅，有人聊几句，有人拍个照，有人问名字，有人留下联系方式，有人甚至一而再，再而三遇见。有时我会想，仿佛自己在领衔主演一出戏，遇见的人如同各种配角，从路人甲，匪兵乙，到有大段台词的同路。

跟 6 番缘分不浅，定了 26 号晚的宿坊，如果完赛回来就住庙里，细细体验一把温泉山安乐寺最著名的温泉。这里自古以来就有温泉，空海大师在此开基立寺，刻了一尊药师佛为本尊，温泉有疗愈效果。815 年，大师在此修行，差点被猎人误射，所幸射到一旁的松树，大师把中箭而倒下的松树倒着栽种，成为现如今大师堂边上能除厄的"逆松"。过了安乐桥，是两层的多宝塔，据说里面是用绘画和雕刻呈现的佛国净土，不对外开放。围着多宝塔，是砂踏遍路，有从 88 所淘来的沙子，走一圈儿，就相当于巡礼遍路一周了。

纳完经，看到澳大利亚小夫妇在排队，闲聊了一会儿，他们今晚就住这里，告诉他们我中午十一点半出发，今晚住第 7 番。女生惊叹，Wow，我们走了一天才到这里。我说，你们的包太重了。

在 6 番安乐寺没呆太久，就去今天的终点，还有 1.4 公里的十乐寺。第一天，沿袭了急急匆匆的心态，寺庙不可久留，否则"浪费"时间。

下午 3 点 58 分来到 7 番光明山莲华院十乐寺，就在路边，好大好高的门楼，已经到阿波町了。入住后，在前台纳经签字盖章，原来同一个地方。前台小姑娘指了指日式浴袍，分上衣和裤子，说浴场四点半开门，拿自己尺寸的衣服。

还不到四点半，在庙里逛逛。空海大师为祈求阿弥陀如来净土的十种快乐而命名此寺为"十乐"。本尊是阿弥陀如来，本堂的左侧供奉着能治眼病的地藏菩萨，一进山门供奉着七十尊水子地藏。我对庙里的各种神佛菩萨不太了解，把他们当作四国遍路文化的一部分来研究和欣赏。

房间内有两张床，阳光明媚。窗外就是盛开的樱花树，掩映着阁楼庙宇，远处是山，明天的烧山寺应该就要翻过那些远山，夕阳西下，无限美好。

去一楼的风吕泡了澡，很大很舒服，一天的奔波，在水汽中都消散了。第一次享受遍路上的风吕，就转粉了。

楼下晚餐，吃的也很好。我到的时候，已经是一屋子人，都是旅行团组织的。我一个人落座，女服务员开始点火锅，里面放着各种煮物。坐的是椅子，不是日式的。食物很丰富，有荤有素，皱了皱眉头，现在不能挑食，给什么吃什么，就当化缘吧。

周围都是丹麦人，为什么这么多丹麦人？下午快 3 点去安乐寺路上遇见一位 72 岁的丹麦人 Henning，精神抖擞，说打算走路加坐车把德岛的庙拜完。他给了我名片，我当时给他发了两人的自拍，怕以后忘了，可电邮退了回来。后来在 6 番安乐寺纳经所碰到两个丹麦女孩，说认识 Henning。于是饭后写了个纳扎附上我的电邮地址，问导游认不认识 Henning，人家说不认识，只好作罢。

晚饭后整理，录视频，休息，累了。

15

今天 20.33 公里，4 小时 32 分 14 秒，累计爬升 204 米，连吃带拜庙全部算在内，到宿坊才停表。之前看网上高度里程图，说今天应该 17.1 公里，然而走下来，拜了 7 座庙，超出 3.23 公里，18.8%。所以以后每天的里程，看庙多庙少，都得加个百分比。这种认知，不实际走，根本无法想象。这个里程最短但很奔波的一天就这样结束了。

东西带多了，天很热；标示基本清楚，不担心迷路了；吃得不错，应该可以满足能量需求。这几个基本结论草草就下了，谁曾想，未来的日子将不断颠覆我第一天自以为是的认知？！

Day 2 ｜4月1日　晴
减重成为当务之急

5 座庙：8 番普明山真光院熊谷寺-9 番正觉山菩提院法轮寺-10 番得度山灌顶院切幡寺-11 番金刚山一乘院藤井寺-12 番摩卢山正寿院烧山寺

计划 35.4 公里

愚人节，不想今天开始遍路的原因也是如此，走遍路是认真的，要选个好日子。所以昨天到灵山寺即便已经中午，也要开始。

一大早醒，昨天跟前台说，不吃早饭了，因为据说从 11 番爬上烧山寺得 7 个小时，就算我比较快，4-5 个小时也要预留出来。烧山寺下午四点半就关门，11 番藤井寺到 12 番大概 12 公里，中午十一点半以前必须赶到 11 番。而从现在住的 7 番到 11 番，有 22 公里，拜庙加迷路，怎么也得 5 个小时。

出发前预定今晚的民宿すだち庵，老板问前一晚住在 11 番附近的哪里，可以帮我把包运上山。我不好意思地回，住 7 番，包自己拿着。怕他不放心，又加了句，我是马拉松跑者，每天 40-50 公里没问题。他这才放心，没见过那么生猛的，于是我就成了大家口中的那个 マラソン選手"马拉松选手"。

早晨居然这么冷，温度在个位数，昨天说热大概是错判。6 点本堂还有半个小时的仪式，之后 7 点早饭，害怕被关，没参加早课，6 点 12 分就出发了，7 点吃早饭万一被关就闹笑话了。

穿着粉色薄羽绒服，外套白色冲锋衣，再外面是网上买的"南无大师遍照金刚"的白色 T 恤。跑了一会儿，热了，把羽绒服脱下，只穿冲锋衣和遍路 T 恤，短套长。一路没什么人，这么安静以为是周六，后来才发现是周五。进入不知星期几只知第几天的模式。

6 点 57 分到了 8 番普明山真光院熊谷寺，这里也有宿坊，本尊千手观音。4.2 公里，一路很清静，标志清晰。昨晚宿坊住得挺好，没想到庙里有这样干净整洁的住宿。离熊谷寺不远，有一个天然温泉御所の乡，特别高大上，里面室内室外，各种药泉，外加餐馆秋月和商店日日食彩。现在赶路模式不能停下来桑拿泡澡，完赛后去腐朽了一下，成人 600 日元入场，里面有吃有喝，还有按摩椅，非常不错。

真正颠覆我对寺庙住宿奢华认知的是 5 月 1-2 日入住两晚的高野山惠光院，也是宿坊。2 月 9 日预定时，所有房间售罄，只剩下 100 多平米的花园和式套房，可以住 6

人，虽然只有两人，也只好订了，到店付款，两晚 292,000 日元，包早晚饭。相对于遍路上 7000-8000 日元包两顿饭的民宿，已经是天价了，的确腐败。昨晚光明会馆包早晚饭 8800 日元一人，已经算遍路上比较贵的宿坊了。

出发前，取了一叠日元现金，10000 块一张，压在包底。每天大概连吃带住加上便利店的吃喝和电话，至少需要一张。日元贬值，东西比国内便宜，比香港更便宜。日本的支付好像没那么发达，现金和硬币大量使用。为了防止路上提款机取不出现金或者根本找不到提款机的尴尬，我还是怀揣万贯吧，安心。

今天的路线先向西再向南。8 番出来，就朝西南了。

顶着门，盖了章。这里的仁王门 1687 年建成，宽 9 米，高 12.3 米，是四国 88 所最大的，离本堂约 200 米。寺内多宝塔雕梁画栋，古朴秀丽。

815 年（弘仁 6 年），空海大师在此修行，刻了一尊千手观音，并在观音像内放了一尊金色小观音像，作为本尊开基立寺，属于高野山真言宗。

来之前阅读了进庙的各种礼仪，基本是这样一个顺序，山门前鞠个躬，进入；水屋洗手漱口，先洗右手，再洗左手，最后漱口；钟楼敲钟，只能敲一下，两下不吉利；大师堂点一根蜡烛三根线香，合掌，读心经真言等经典，要念的东西极其繁复：念一遍《开经偈》和《忏悔文》；念三遍《三皈依文》，《十善戒》，《发菩提心真言》和《三摩耶戒真言》；念一遍《心经》；念三遍《本尊真言》；念三遍《光明真言》和《御宝号》也就是"南无大师遍照金刚"；最后念一遍《回向文》；鞠躬行礼，纳札桶放入写好自己愿望，名字和地址的纳札，写经奉纳箱也就是纳经筒放入抄好的心经，塞钱请求接收；大师堂重复一遍本堂仪式，省略《本尊真言》；纳经所交 300 日元朱印墨书也就是盖章签字，给一张本尊的素描小纸片叫御影，还有一张彩色小卡片卡通拼图，背后写着偈语；离开山门前再鞠一躬。整套做下来没半个小时出不了庙门。

我大幅度简化为山门鞠躬，有钟敲钟，本堂和大师堂合掌，默念自己想好的词儿，放纳札，有时放心经，纳经所交钱签字盖章烘干，山门鞠躬走人，省略了洗手，上香，念经等繁文缛节，这样一套下来，10 分钟左右。如果本堂和大师堂离山门远，或者两堂之间距离远，那么从山门到山门花 3-40 分钟也有可能。

昨天按照"简易程序"走，只在第一番放了心经。今天仍然是这个操作，只放纳札。

7 番到 10 番都位于阿波市，11 番就到吉野川市了。吉野川是四国最长的河，194 公里，从西向东在德岛县的纪伊水道入海。这条河的水系覆盖四国四县，现在走的德岛平原就是吉野川冲刷出来的。昨天 6 番所在的上板町和现在经过的阿波市，都在吉野川北岸，到 11 番所在的吉野川市，就过南岸了。所以今天什么地方得过桥渡河。

到第 9 番法轮寺 2.4 公里，路上有卖柑橘的，品种很多，有小夏柑，文旦柚，Yuzu香橙，黄色的香柠檬，和绿色的青柠すだち。不时看到树上硕果累累，都是黄色的果子。路上很安静，一路南下，到 9 番正觉山菩提院法轮寺 7 公里，7 点 35 分。

815 年，空海大师在此修行，得知附近有白蛇栖息，白蛇据说是佛陀的使者，于是以释迦牟尼佛为本尊在此开基立寺。法轮寺的本尊是四国 88 所唯一一座涅槃像，也就是卧佛。本堂以祈求健脚闻名，传说有人拄着拐杖进来，拜完，扔了拐杖出去。纳经所有卖健脚御守，袖珍小草鞋护身符。好好拜了拜卧佛，佛祖涅槃的形象，继续。

天气晴朗，清凉干爽。到第 10 番得度山切幡寺 3.9 公里，爬升快 140 米。不到 8 公里，右转上 12 号县道，一路向西，10 公里一过，右转进山了。这里人口少，路上很多假人，虽然看着可爱，也让人有些心酸，老年群众太寂寞了。

路标有些混乱，问路，敲开一家店铺门，里面的年轻人不知道，还是路边老人指明切幡寺的方向。爬升 100 多米，山谷幽静，12 公里多，8 点 45 了。

每个庙到了还要爬，我设计的里程有问题。到庙宇主要是参拜，喝水，上厕所，休息，盖章，问路等，非常象水站，要花费时间也增加里程，得把拜庙的时间和距离考虑进去。

包太重了，333 级台阶很辛苦爬上本堂，眼前一亮。切幡大塔如同明信片，樱花衬托着，美的无法言表。敲了钟，就爱听钟声，悠长的回音。本尊也是千手观音。

传说空海大师云游至此，因衣服破了请当地人帮助修补，织女慷慨剪下新织好的布送给大师。空海大师听说织女"希望能侍佛并帮助他人"，大师为织女灌顶，使之得度，织女即身成佛，化身为千手观音。

这一路，太多空海大师的神迹和传说，当地人早已把他神话。四国的接待文化也是因为据说遍路人在不同空间，比普通人离空海大师更近，帮助遍路人能积攒功德。而空海大师在真言宗的官宣中一直在闭关没有圆寂，所以任何遍路人都有可能是大师的化身。当地居民对大师的崇敬，因而爱屋及乌，想方设法帮助遍路人。

在 10 幡山门就有地图说去 11 幡途经的大野岛桥在修，要绕道走阿波中央桥，之前网上也说去 11 番的桥在修，过不去了。嘀嘀咕咕，边走边看吧。

去 11 番还得折返，有 9.7 公里。路上看到 Henro Hut，传说中的遍路小屋，第一次见，挺新鲜，进去上下都参观了一下。匆匆如我，估计没什么机会坐进遍路小屋。

16 公里到了去 11 番藤井寺的大野岛桥必经的岔路，我想沿着大坝下坡穿过去，被人拦住，说前面修路，不让过。之前本地人说车不让过，但行人可以，可这位守路人非常笃定，只好改路。

他给的朝西绕路方向还是错的，看了地图，又朝东。在大坝上跑，右手的大河应该就是吉野川吧。碰到一位跑步的男生，告诉我如何去阿波中央桥，大概 3 公里多。路上很美，不过里程超了。温度上升，有 20 度。一路都没吃的，得断食半天。才第二天，生存技能中的断食就用上了。

心情很好，觉得所有人都努力支持你完赛，绕路也是小插曲，不影响心情。

10 点一过，19 公里多过了阿波中央桥，河两岸很美，好宽的吉野川。上 318 国道，快 21 公里了，有个便利店叫 Ministop，是今天路上唯一开门的店铺，吃了喝了，买了三个饭团带着，作为烧山寺的补给。

沿着 318 国道，22 公里左转上了一会儿 192 国道，就右转走小路了，沿着这条路一直朝南就能到藤井寺。快 24 公里，路过吉野旅馆，不少人上烧山寺，头一晚住这里。

七拐八拐，11 点 15 分，25 公里才到了传说中的金刚山一乘院藤井寺，没找到运包的。出发前网上说 11 番门口有人帮助遍路人把背包运上烧山寺附近的民宿。后来才知道，庙前几百米的 Ohenro 遍路人休憩所就是运包的地方，可惜当时光顾着赶路，没停。

藤井寺是 88 所中三个禅寺之一，属于临济宗妙心寺派，主尊药师佛。

问门房能否运包，说了半天没明白，反正运不了。藤井寺里没有久留，看到有个妈妈带着三个女孩子爬山，以为他们要去烧山寺，原来只是周围走走。告诉她们我现在去烧山寺，四位女生齐声，加油！

十一点半，开始向烧山寺进发，预计 4-4.5 个小时。包很重，走了差不多两公里，一个人都没有，不难走啊！似乎群众给妖魔化了，技术难度也不高，没准儿 3 个半小时就能到，海拔 400 多米了。

27 公里多，看到水大师，喝了，救命的水。海拔 500 多米，好开心，好舒服。28 公里过长户庵，大概爬了 4 公里，有熊野古道的味道，没碰到人。

饭团太重，两公里吃了一个，减重。一小时可以爬 3.4 公里，呼吸着山间的空气，每一步都放松。脚前后垫上，避免长期重复使用某些肌肉。 山路一走，脚舒服多了。

6 公里今天 31 公里到柳水庵，那里的水干了，我的水也喝完了，应该没事。海拔 664 米，烧山寺最高应该 730 多米，可以看到山顶的光了，状态不错。

1 点 45 分， 走了 2 小时 15 分，8.16 公里，海拔 756 米，看到大师像，很快，还有 3.8 公里，觉得 3 个小时多就能到。35 公里的样子，又吃了一个饭团，状态很好。

最后 1 公里多，树干之间还有条绳子，没那么滑，不过雨天对群众有用。想到提前能到，很开心。一路有粉色和绿色丝带，标记非常清楚。

今天真是美好的一天，轻松且放松。在山里如鱼得水，也不需要找路，所有的焦虑都消失了。好像过了柳水庵，迎面碰到遛狗的年轻夫妇，问我是否遍路人，点头。半路什么地方迎面碰到一个女生，下山去 11 番，也是能跑的主。

离本堂 464 米，应该是距离，不是爬升。终于看到水了，喝了两大瓢，解渴。37 公里左右，3 点钟到摩卢山正寿院烧山寺，真没想像中那么难。

四国遍路的起源跟烧山寺很有关系。传说当时有个富人卫门三郎，打碎了化身为乞讨僧人空海大师的钵，随后卫门三郎的 8 个儿子相继过世，他这才梦醒，顺时针绕着四国 20 圈儿，没碰到大师，逆时针走 21 圈儿时倒在烧山寺，临死前，空海现身，原谅了他。这种恩怨相报的故事听着不靠谱，不过说明烧山寺在四国遍路中的地位。

在烧山寺倘佯一会儿，很有气势的庙。这里纳经要交 500 日元，其它庙都是 300，不知为何贵出 200？烧山寺挺大的，需要攀爬的景点都没去。这里也有宿坊，只能电话预定。赛后打电话定 27 号的住宿，说早就售罄了。计划烧山寺时，日语还比较怯，没敢国际长途打过来预定。山坳的民宿 Sudachian すだち庵老板讲英文，也是国际长途预定的。

纳经所的和尚给我画了一张图，告诉我怎么去住宿的 Sudachian，他说得一小时。跑下来，开始还走山路，后来就干脆跑车道了，3 公里多，挺顺利，4 点多一点就到了民宿すだち庵。连民宿主人都吃了一惊，因为我之前告诉他最早 5：30-6：30 之间到。

烧山寺位于神山町，估计民宿也属于同一个町。日本的市有的叫町，要袖珍很多。

今天 41.06 公里，9 小时 52 分 39 秒，累计爬升 1475 米，樱花盛开。两天累计 61.39 公里。民宿的名字 Sudachi すだち就是当地盛产的青柠，An 的汉字是庵。不少民宿都以庵自称，比如后天入住的樱花庵。

Sudachian 的老板 Takeishi san 胖胖的，讲英文，人很好，进门先登记，交了 6500 日元现金，包早晚饭。

他帮免费洗了衣服，我先泡澡，趁着太阳还在，在满是樱花的阳台录了自己第二天的感受。

晚饭有四位日本人，3 位上了年纪的，1 位年轻的，他们有一位第二次走遍路，给我看了他盖满章的纳经帐，其他人都是第一次走。我日语太差，不过晚饭时大家也其乐融融，看里程轨迹就是了。遍路人爬烧山寺，都是前一晚住 11 番附近，第二天一大早出发，7-8 个小时，甚至更长才能到。他们看了我从 7 番到 11 番，再 3 个多小时爬上来的路线，都惊讶不已，大呼马拉松选手，すごい"Sugoi！ 太惊人了！

今天有点累，拉伸放松，要好好休息。晚上特别晚了，有个男生才到，说上烧山寺迷路了，好辛苦。

包太重了，把一番买的英文书地图拍下来，书送给了房东。晚上睡觉下楼上厕所很不方便，楼梯太陡。吃的东西西餐和日餐混搭，周围没店，只能给什么吃什么了。

第一个难所，稀里糊涂就过去了。觉得明天才 47 公里，应该是轻松的一天，谁知，坚强如我，差点在第三天放弃！

Day 3 | 4月2日 晴
差点儿放弃！

6 座庙：13 番大栗山花藏院大日寺–14 番盛寿山延命院常乐寺–15 番药王山金色院国分寺–16 番光耀山千手院观音寺–17 番瑠璃山真福院井户寺

计划 47.3 公里

每次跑超长多日赛，前三天都很折磨。今天只能算两天半，身体需要时间适应。

半夜起来好几次，扶着陡峭的楼梯，下楼上厕所，生怕从上面滚下来。超长多日赛都会水肿，起夜很多次，但仍然睡得不错。排尿多少，代表了排酸和排毒，越积极踊跃，第二天恢复越快，一反通常认知。

赛前一直想着 1200 公里怎么训练？2017 年跑过西班牙法国之路 800 公里朝圣，16 天 800 公里，随后的 2018，2019 连续跑了两次跑族 800，从井冈山到遵义，从上海到江西瑞金。2020，2021，2022 跑族 800 都改为线上，一个人自负重自补给跑了 600，400，300 公里不等。这些积累，可以作为 1200 公里的基础和资本，至少三次连续达到过 70%，搞过 1200 公里的 Long Run 超长跑了。所以赛前的训练仍然聚焦自负重自补给，从里程，爬升和时间三个维度训练每日的最大负荷。

2023 年 2 月 13 日港马开始体能训练，MAF180，心率控制在 180 减去年龄，低心率完赛。2 月 17 日，港百，跑了 56 公里，第二天又追加到 75 公里，给孩子爸庆生。2 月 24 日，毅行者百公里，早晨 5 点出发，自补给，没有外援，半夜跑到大帽山，75 公里的样子，第二天陪孩子爸的团队跑完百公里，隔空陪跑毅行者 100，当时围观群众不解，为何如此自虐？

这也叫虐？当 1200 公里摆在面前，风雨无阻，轻伤不下火线时，那才叫虐。临行前的一通折腾，估计四国遍路的任何一天，都不会象毅行者 100 第一天那样虐，但叠加起来一个月，该有多虐就无法想象了。3 月 4 日，萨洛蒙 50 公里，疫情期间线上跑过，这次路线不一样。11 小时 55 分搞定，爬升 3000 米，四国遍路任何一天没有这样高的爬升。在长度和高度上虐了自己以后，放心了。每天不会超过 70 公里，累计爬升不会超过 3000 米，每天不会超过 12 小时，应该是遍路的常态吧？

毅行者 100 以后右脚足底不舒服，别是足底筋膜炎的前兆？左膝盖从去年香港 100 Flex 之后就时不时别扭。跑过 3 次 800 公里的经验，任何小毛病，经过超长多日赛的放大，都会演变成止步不前的大问题。

于是 3 月 18 日的 Coros 50 公里果断弃赛，3 月 25 日的大屿山 70 全家接力，大哥头一棒，大热天不带够水，从大东山下到伯公坳上凤凰山严重脱水。经验丰富的我电话中立马听出情况不妙，出租一到昂平就往山上爬，半山送电解质饮料救了大哥，下山大雨，三哥第二棒果断弃赛，安全第一，山总在那里。

养着脚和腿，以及跑遍万水千山的心。

赛前虽心中忐忑，但下定决心，一直给自己打气：把它当作一场超级马拉松。2012 年开始跑步，10 年，心肺练了，开始低心率；腿脚练了，开始极简；呼吸，血糖，补给，吃素，断食。甚至肩膀都练过了。这就是综合能力，现在，过了知天命的年纪，准备得差不多了，好象这 10 年就是为遍路准备的。感谢疫情三年的磨练，自负重自补给自我管理能力呈几何基数上升，若 3 年前真的上路，说不准何时就会掉链子。

对于每天制定的高强度里程，总自我安慰：作为参考而已，不要执着于每天跑多少，多少天以内搞定，急什么？慢慢欣赏路上的风景和遇到的人和事。然而我最缺的是时间，不可能象一般遍路人一样一走两个月。所以无形中，还是有完赛时间的压力，40 天肯定太长，最多 30 天，计划了 28 天，平均每天 42 公里，一个全马。

如果人生就昙花一现，为何不让昙花绚丽地现一把呢？如果人生注定没有意义，为何不体验一些有趣的事，让生命丰富多彩一些呢？而我，更觉得人生是集中力量干大事的过程，做一单大的吧。

下定决心，立下志愿，剩下的，就是去体验一路的酸甜苦辣。还是那句话，世上没有吃不了的苦。

早饭 6 点钟，非常丰富，四个人吃，那位年轻的小伙子睡懒觉。大家合影留念，以后再也见不到了。

吃完，六点半出发，以为今天只有 47 公里。对于路，还是很陌生。状态比昨天好，下山状态不错，心率 104，配速一小时可以 8 公里，跟千叶民宿老板说下午 6 点之前到。

先要去 13 番大日寺，民宿主人 Takeishi san 在门口一直看着我鞠躬，招手，直到转弯。山里还有樱花，早晨有点冷，一路跑，上上下下，7 公里了。

在一个多岔路口，看到去德岛左转的标志，但右转是遍路的小人儿记号，想都没想，就右转了，上坡。一路樱花绽放，朝阳绚丽。沿路还有红绿丝带，难不成举办过什么越野赛？

走着走着，总觉得不太对，怎么越来越偏远？过一个小桥前，连问了两个司机，都说往回走，我以为他们说的是汽车道，不死心，仍然向前，据说前面有温泉。大概两公里，过了第二座桥，又碰到第二个司机回来，他停下车，示意我上车，我愣了一下，马上坚定地说："Watashi wa aluki henro destu!" 我是徒步遍路人，老头叹了口气，指着下山方向，"Sisimi, demou migi!" 直走，然后右转。打开 Google 导航，也说要回去！

5 公里之后回到了之前下山的多岔路口，原来鬼使神差误把公路上烧山寺的记号当成下山记号了。突然拍了一下脑袋，对呀，刚才应该坐老头的车回到这里，反正错路都走过了，应该从这里继续。脑子有些坏掉了。

八点半走上正路，看到离大日寺还有 12 公里的标识。过了桥，就到县道 20 了。

路上没什么店，太阳出来很热。10 点 20 分，终于看到一个老太太路边卖橙子，100 日元买了两个，每个比两个网球还大，是文旦吧？当着老太太的面吃一个，背一个，包立刻重起来。她围着个白底兰花的头巾，脸上布满皱纹，开始跟我絮絮叨叨，讲她家里的孩子。我基本听不懂，不过礼貌性地微笑，点头。等我把发苦的橙子吃完，两人俨然成为忘年交。临分手，我好好抱了抱她，老人家是太寂寞了吧！她笑着说，好吃吧？加油啊！虽然我日语很差，她带着四国口音的临别赠言听懂了。

下坡，18.7 公里有泉水，喝了。路上看到 Henro Hut 遍路小屋，也没停。这两天要认真复盘每天的里程，体力，到店时间，为高知修行的道场作准备。

一路沿着吉野川的支流 Akui River，也不知叫什么河，河两岸风景不错。中间又走错一次，主要路标不清，搞不懂如何过河。

11 点 12 分，24 公里爬升 500 多米，4 小时 44 分到了 13 番大栗山花藏院大日寺，本尊 11 面观音，真言宗大觉寺派，到德岛市了。传说空海大师在此修行时，大日如来现身，指示大师在此立寺，大师便刻了大日如来为本尊。大日寺的对面是古代阿波国社格最高的一宫神社，先到神社门口，隔着马路照大日寺。寺前的街道车来车往，还挺繁忙。

纳经所有不少人，13 番车容易到，当大家听说我刚从烧山寺方向过来时，全都报以惊叹的目光。纳经的人特意帮我把纳经帐吹干，算是免费服务。

寺庙开始密集起来，2.5 公里到 14 番盛寿山延命院常乐寺，11 点 50，满眼白衣人，樱花盛开。

常乐寺门口的石碑上刻着"人生即遍路"，种田山头火（1882-1940）的名句，一把把四国遍路上升到文艺高度，吸引了社会各界的目光和行走。山头火是日本自由律俳句的著名俳人，曹洞宗的僧侣，一生都很不幸福，不知在遍路上是否找到他所需要的安宁？

常乐寺是练瑜伽大法的地方，不是无上瑜伽。唐密应该不会有无上瑜伽，传说中的男女双修，当时的社会环境不允许，那么传到日本的真言宗就更应该没有了？Maybe。

常乐寺是四国唯一以弥勒佛为本尊的寺，弥勒是释迦牟尼佛的继任，未来佛。

15 番药王山金色院国分寺离 14 番就 1 公里，很近，在一个貌似偏僻的地方，12 点 10 分就到了。四国每个县都有一个国分寺，是国营的。公元 741 年圣武天皇在全国建立国分寺，15 番最早由行基菩萨（668-749）开基，是阿波的国分寺。进入山门后，左侧有旧寺出土的七重塔基石，这个国分寺是曹洞宗，四国遍路三个禅寺之一，本尊药师佛。纳经所人很多，都是车遍路，大家让我先纳经。今天应该是周末，逛庙大概是四国人民假日最重要的消遣。

15 番到 16 番只有两公里，不过路标开始不清楚。这几座庙虽然离得不远，可一上午都在迷路。迷路的教训很深，要看路，要做功课，不要总想着赶路，改变不能感受当下的急躁。

12 点 55，花了将近 40 分钟才找到到 16 番光耀山千手院观音寺，门口是各种人捐款的石碑，金百圆，金五十円就立碑，也不知当时多少钱。

16 番也是高野山真言宗的庙，本尊千手观音。每座庙交 300 日元盖章签字之后，都会给一张本尊的黑白素描，叫御影；还有一个正方形彩色小卡片，正面画着卡通讲庙里的故事，背后日语写着 4-5 行偈语。第一番灵山寺就给了个白色御影袋，放这两样东西。现在厚厚一叠，虽然不知道这些纸片有什么用，还是收纳着，越来越沉。

17 番井户寺不远，2.9 公里，但是又迷路，绕了一大圈儿，有些莫名其妙。

下午 1 点 50 分，35 公里终于到了 17 番瑠璃山真福院井户寺。传说以前这个村里的井只有浊水，空海大师到访此地，用杖一夜掘出新井。井户所在之处同时供奉日限大师，特定日子在此许愿，就会实现。赛后再次拜访，下雨，孩子爸咳嗽得厉害，喝了井水，顿时好了不少。100 日元讨了一瓶"圣水"，实际是旁边的自来水，本想带回香港，关西机场出关时，被一举查获，当作茶水倒了，只留下瓶子。

17 番是真言宗善通寺派，本尊七佛药师如来，遍路只此一家。一天赶路的心态，可能在这里纳经时，把御影袋落在纳经所了。赛后从 16 番找到 17 番，在 16 番碰到开车的松下女士，听说我的故事，把我叫到停车场，从她珍藏的相册中，取出我缺失的御影和小卡片相赠，还给了御接待。后来到了 17 番，纳经所的人则奇迹般拿出我的御影袋！这就是遍路的神奇所在。

大半天，跟四个 Kuruma Henro 开车的遍路人总是前后脚碰到。下午两点多从井户寺出来，没走多久，前面有辆车停下来，那几位车遍路下车，给我打气，还送了我提神的能量饮料，又从后备箱拿出一大包吃的，我怕重，婉言谢绝，只收下能量饮料。其实作为遍路人，别人的御接待 Osettai 不该拒绝，不过他们也是遍路人，应该理解重量的意义。

还记得 2018 年 8 月绕跑未名湖 30 圈儿的腿抽筋儿，因为喝了一罐红牛。我好久不喝咖啡，不喝酒，也不喝提神饮料了，这小瓶日本红牛也不能扔了，想了想，可以送人。在 36 公里的 7-11，看到了之前 17 番遇到的意大利夫妇，他们骑车去 18 番，于是随手送给男生，说 Osettai，他楞了一下，马上明白什么意思，说了谢谢。我看到他们两人同骑一辆车，绑在上面的包好大，知道送对人了，反正也不用拎着，两人在买啤酒，都是能喝的主。

穿过德岛的大街小巷要南下去 18 番恩山寺，很累，不想动，浑身哪里都不舒服，极其疲惫。进入德岛市区，就不按遍路标志走了，不清楚，要导航。

一直在说服自己，坐车吧，不一定用脚量，只要把 88 番拜到就行。一次一次打消念头，必须徒步，一步一步，肯定能到。右脚痛，之前跑了若干 50，100 公里的足底筋膜，超过 40 公里就会发作，如今快 50 公里了。就这么纠结着，意志力把身体拖上 55 号国道，一脚前一脚后，居然慢慢打消了放弃的念头，坐车的冲动。

快日落的时候，在国道 55 号路边，面对稻田坐下来，夕阳西下，脱了鞋，让脚凉快休息一下。

黄昏，已经 51.36 公里，10 小时 33 分。早先的迷路加拜庙，超出 47 公里了。50 公里以上怎么也要 10 个半小时。今天估计得 55 公里，每天多出 10%是标配。

55 号国道逐渐离开德岛，到小松岛市的地界了。一天多次迷路，要学会用导航，学习认路。右转下国道，夕阳下进入乡间小路。

5 点 37 分，终于来到千叶先生的民宿 Minshuku *Chiba*。以为从二楼进，他探出头来，示意我从下面进去。原来楼下是住宿，楼上是饭厅。

我成了今晚唯一的客人。

54.54 公里，11 小时 07 分 34 秒，累计爬升 538 米。超出计划 7.54 公里，差不多 16%。三天累计 115.93 公里。

在 17 番还是 16 番把前 16 个庙收集的本尊御影和卡通小卡片搞丢了，摸了摸护照还在，让我出了一身冷汗。丢就丢吧，减重了。不过大师提醒，要保管好财物，尤其护照，不要闹笑话。

今天不小心过五成了长日。迷路迷路，大师教导，要认真看路，尤其到了多叉路口要仔细看路，每天都在学习。只是对遍路仍然陌生，没有掌控，更谈不到游刃有余了，慢慢适应吧。

从井户寺到恩山寺前的千叶民宿，20 公里，是最软弱的时候，多次想坐车，差点放弃，靠毅力坚持下来，可圈可点。如果当时不到 40 公里时放弃，就没有后来了。

千叶民宿是我的福地，28 号再回来。

饭后抄了心经，感谢千叶先生，因为他是第一个接我电话的民宿老板。记得 3 月的一天中午，鼓起勇气，战战兢兢拨通了他的民宿，那边的声音特别友好，耐心，10 分钟后搞定人生第一个日语民宿预定。从此信心大涨，一口气把遍路的住宿几乎都安排好了。

语言一用起来就活了。

虽然累， 但很高兴，今天没坐车，没放弃。在我看来，一旦坐车，就功亏一篑。晚饭后抄完心经，要了一壶冰水，定了 28 号两人回到这里的住宿，告诉千叶先生，如果不能准时完赛，就给他打电话取消。民宿都是付现金，这里包早晚饭，每人一晚 8000 日元。

我怎么未卜先知，预料到 29 号开始黄金周？后来再订 28 号以后住宿都满了。真的不知道，完全出于对千叶先生的感激。再有，就是千叶民宿是我第三天的住宿，感觉特别好，比烧山寺下的 Sudachian 要好，所以就这么定了。

今天太累了，没想到第四天更累，累到没有任何多余力气在路上码字！才三天，就觉得苦了。过往经验，遇到困难不要想太多，就一个字，扛！

人在行进中身体和精神相互适应，外部世界的不断变化对于内心也是一个加速重塑过程。

倒头便睡。

Day 4 |4月3日 晴
事先研究好路线以防网络失灵

5 座庙：18 番母养山宝树院恩山寺-19 番桥池山摩尼院立江寺-20 番灵鹫山宝珠院鹤林寺-21 番舍心山常住院太龙寺-22 番白水山医王院平等寺

计划 56 公里

千叶民宿的饭堂特别有特色，里面挂了各种遍路的御影，纳札，神佛。居然有人完成 315 次遍路，一问，才知，是 Kuruma 车遍路，但此人用脚也走了 20 次，一辈子消磨在遍路上。

昨晚屋里有只蚊子，嗡嗡叫，也不能打，后来温度降低了，才安静下来，没怎么睡好。

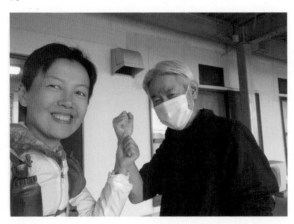

六点半吃早饭，鸡蛋，昆布，蔬菜，咸菜，米饭，味增汤，简单好吃。千叶先生眉心有颗黑痣，吉人天相。6 点 45 分告别千叶先生，先去 18 番恩山寺。他微笑着在门口鞠躬，说28 号见！

出门左转，不到 500 米，很快爬上恩山寺，大师巨幅雕像映衬在樱花丛中。6 点 57 分，庙里没人。本堂供奉药师佛，纳经所穿绿衣的女子给我签字盖章，特别温柔。

恩山寺在空海的年代是禁止女人入内的。有一次他的母亲阿刀玉依从赞岐也就是今天的香川来看他，大师为了让母亲能进入寺庙，修法 17 日 （不知这里的修，是修改还是修行？），将禁制解除，母亲得以入庙相聚，所以恩山寺的山名是母养山。从此，恩山寺就允许女人入内了。这在今天看不是事儿，可在男尊女卑的年代，不异于一场革命。

佛教中男女不平权的现象从古至今。后来去高野山，山上有个女人道，转来转去就是进不了庙，原来当时女人不能进寺庙，只能沿着女人道转山。空海大师对母亲网开一面，逐步允许女人入四国的庙，而兴建高野山之后，女人在女人道上徘徊了有 1000 年，直到 1872 年，才获准进入寺庙。

佛教剃度僧人即比丘有 227 条戒律，而僧尼也就是比丘尼则有 311 条戒律，中间有很多不平等规定，比如八敬法，百岁比丘尼也要拜倒在新剃度比丘的脚下……这大概有历史渊源，当年佛祖的姨母暨养母，王后乔答弥带领 50 名释迦贵族女子赤足剃发步行乞讨 15 天，来到佛祖前，请求接受女子出家，佛祖和弟子们商量，舍利佛提出八敬法：

第一，比丘尼，无论何时何地，不论年龄或戒龄多少，都要尊尚比丘。

第二，雨季安居时，比丘尼要住在比丘安居处所附近，以便得到支持和指导。

第三，每月有两次，比丘尼要派代表，请比丘替她们订下斋日，作为特别守戒日。当日，比丘会来鼓励和教导她们精进修行。

第四，雨季过后，比丘尼必需参加自恣仪典，也就是批评与自我批评总结会，在比丘和比丘尼之前作出修行的报告。

第五，当比丘尼破了戒，她必需在比丘和比丘尼面前忏悔。

第六，经过沙弥尼、正学女阶段后，比丘尼要在僧尼两众前受具足戒。

第七，比丘尼绝不可以批评或禁令比丘。

第八，比丘尼不可以给比丘讲佛法。

乔答弥王后为了进入僧团，欣然同意。佛祖虽然接纳僧尼但制定了繁复的戒律一来确保僧团不被诟病，二来为了保护女性出家人的安全。在那个男尊女卑和种姓制度的时代，接受女子进入僧团，极具颠覆性，当时佛祖这样做不是为了歧视女子，而是为了中止对女子的歧视。然而随着社会发展，科技进步，男女关系更趋于平衡，不知佛教界是否出现过平权？

大师堂前有玉依御前的剃发所，据说里面供奉着空海大师母亲的头发。

从 18 番恩山寺去 19 番立江寺，距离 4.3 公里。还要经过千叶民宿，又看了一眼，早晨还是说走就走比较好，免得回来拿包又耽误时间。

到了民宿右边的岔路口，犹豫一下，右转上县道 136。不到 8 点，6 公里到了 19 番桥池山摩尼院立江寺，庙前樱花灿烂，在一个小弄堂里，本尊是延命地藏菩萨。这里和恩山寺都在小松岛市。

传说 1803 年，一个叫阿京的女子，杀死亲夫，与情人出走四国，当她来到立江寺时，头发与寺内的钟绳缠在一起，她得忏悔才能得救。寺内本堂的天井有东京艺术大学的画家 1977 年依此作的画。大师堂右侧有个黑发堂，也是说这件事儿。

据说大师云游到此，看本尊太小，就刻了一个 1.9 米高的地藏菩萨，把原来小的放在肚内。这一路寺庙的本尊大多都是空海大师的杰作，看来他真是名副其实的雕刻艺术家。

19 番立江寺有宿坊，离小松岛市区不远，不过设计路线时里程不合适，没想过住这里。立江寺好像也是高野山真言宗的一个别格本山，地区主要庙宇。日本寺庙的等级有总本山，别格本山，本山等，不知按什么标准划分。

19 番到 20 番鹤林寺有 13.3 公里，从 19 番出来，先左转上县道 28，再转上县道 16，爬上山就到。田地里金黄色的油菜花镶嵌在樱花丛中，是远山的基调。

不久走上真念古道，有点拉肚子，怎么回事？难道吃错了东西？还是喝乳酸菌酸奶的反应？

路上的狗都很强悍，还没碰到温顺的。

走上小路特开心，一路橙树。路过竹林， 有人砍竹子，打招呼，卧虎藏龙的感觉，一期一会，享受当下。

今天计划 56 公里，估计不会比这短。入住的樱花庵没有晚饭，一晚 2700 日元。不用担心了，没晚饭的时间限制就没压力，路上随遇而安。

路过木头设计师的仓库，之前看到有人在网上介绍过。门锁着，隔着玻璃瞅了瞅。

离鹤林寺还有 5 公里，又上了县道 16 号。樱花有点儿凋谢。13 公里在路边的 Lawson 吃了东西，好饿啊。碰到一个骑车的女孩子，先吃好出发了。

18 公里的样子走到山里，一路攀爬，看到她的车子和包，估计人上去了，骑车的问题就是上山麻烦。爬山， 周围如同原始森林，很幽静。每天都有新的感受，在学习，进步，山下的那贺川，很美。

海拔 480 多米，11 点 11 分，20 公里，到了 20 番灵鹫山宝珠院鹤林寺，这里是胜浦町了。据说这是德岛第二难所海拔 486 米，第一是烧山寺海拔 724 米，而第三则是下面的 21 番太龙寺海拔有 600 多米。

鹤林寺比之前看到的几座庙都大。里面各种供奉。到本堂 505 米，把包放下，祈祷，放纳札，敲钟。签字盖章的也是女子，漂亮。鹤林寺本尊是很可爱的地藏菩萨，四国一路都可以看见戴着小红帽，围着小肚兜的地藏菩萨，跟婴儿的模样相似。

今天计划的庙，从 18 番到 23 番，都是高野山真言宗。

去 21 番太龙寺，一路下山，6.6 公里，快到时也要爬一通，不过对于我不在话下。12 点，在路边饮料机旁看到一位欧洲女子坐在一个大包前，一问，才知是瑞士的安娜玛丽，今年 72 岁了，第二次走遍路。她 7 年前第一次走，一句日语不会，现在可以说，但看汉字还是困难。安娜活力四射，说走过 Camino 好几次，给了我名片。看着她的包那么重，我要她 Take Care，后会有期。

27 公里的样子，下午 1 点 05 分，到了樱花盛开的 21 番舍心山常住院太龙寺，海拔618 米，有西高野山之称，到阿南市了。

这里的本尊是虚空藏菩萨。寺庙里纳经所右侧，持佛堂廊下有个龙天井，天花板上有一幅龙的画作。

大师堂，本堂，好高，背包放下，爬上去。去本堂，101 级台阶，差点儿摔一跤，要小心，别着急忙慌。有个爸爸带着两个小女孩，赞叹他们怎么上来的，原来有缆车。这里太美了，要再回来。想当然跑下去，没想过坐缆车。后来才知道，即使徒步遍路人，也会坐缆车下山。

沿着缆车指示，要上山路 Yiwaya 道和平等寺道去 22 番，有 10 公里。一路都是当地人供奉的四国 88 所本尊，依次排开上山。

爬上观景台，好壮观。下来，看到大师的座像，叫求闻持修行大师像。

空海 (774-835) 乳名贵物，佐伯家第三个男孩，出家前叫真鱼。这个地方叫舍心岳，是 18-19 岁的佐伯真鱼修行之地，在山上打坐 100 天，修行虚空藏求闻持法，增长记忆力和智慧的法门，对他成长特别有意义的地方。空海大师 24 岁完成《三教指归》曾提及年轻时在此处修行。

觉得风水超好，有机会一定要回来，跟大师一起，打打坐。

几乎一路下坡，挺险的，Yiwaya 道要下降 3.5 公里。让我想起年初跑过的香港 56 公里，前 36 公里翻山越岭，后 20 公里平坦通途。从 22 番到 23 番还有 20 公里，22 番在关门 5 点前肯定能到，但今天注定 Long Day。

2 点 20 分山里碰到一位走遍日本的男生，背了好多东西，两人惺惺相惜，交换了脸书。

下午 3 点，还有 4 公里。

路上很多竹子，还有两公里，得晚上 7-8 点才能到民宿。顺道把晚饭给吃了。

37 公里了，还没到，山上换脚，今天居然没疼过，疗愈了一把。

3 点 54 分，终于到了 22 番白水山医王院平等寺，樱花绽放，也在阿南市。今天从山上过了几个城市，可连城市的影子都没见到。

努力爬上来，看到两根 5 米高的金刚杖石柱树立路两旁，左边就是大师堂。来了十几位老头老太，都是车遍路，导游拿了一大摞纳经帐。我改变顺序，先纳经，后拜庙，错开人流。庙门口有卖大米花，马上要收摊了，这时才感觉饥肠辘辘，一天只上午吃了一次。买了一袋，坐在庙门口吃了点儿，甜甜的，点点饥。光顾了吃，忘了问纳经所索取去 23 番的地图，也没看导航，就离开了。

离 23 番药王寺还有 21 公里，一个半马。

出来居然网络不灵，Google 导航无法用，找不到正路。脑子有些发蒙，问了路边洗车的父子俩，儿子用他的手机查了查，给我指了方向。耽误了足足 40 分钟，才沿着县道 284 南下，右转上国道 55 号正路，手机导航又有信号了。

快 44 公里，还有 13-4 公里才能到。过的第一个隧道 301 米，Taneiuchi Tunnel，下午 5 点 40 分，还有一小时日照时间。

天有点儿黑了，55 号国道上还得跑 11 公里才能左转，路上什么都没有。上午 10 点吃了以后，就基本没再吃，断食一天。21 番的爆米花算是垫了垫，但不顶用啊。

22 番出来没有导航是个提醒，要考虑到网络和技术障碍，得事先研究好路线。

路上车不是很多，但黑乎乎的也挺挑战。一步一步，这个 9 公里好漫长。

水还有，就是断粮了，民宿在美波町，晚上 7 点 18 分，离 23 番药王寺还有 4 公里。坚持着。

8 点过几分钟，58 公里，还在 55 号国道上，对面有个 Lawson 便利店，犹豫了一下，到民宿也没晚饭，找点吃的吧。于是横过马路在便利店喝了酸奶，买了便当。

再次过马路回到 55 号左侧，跑了没多远左转下来，沿着铁路跑一会儿，到了一个很复古的小街道，终于有人气了。街上跑了几百米，导航说到了，只看见一个杂货店。问了人，才知对面就是樱花庵。

八点半了，58.95 公里，13 小时 18 分 16 秒，累计爬升 1597 米，以为是最长的一天，没想到还有更长的。四天累计 174.88 公里了。

今天在国道上虽然累，反而怕民宿主人担心我，打电话也不通，原来在日本手机漫游也要加国家号+81 才能打本地电话。在 Lawson 给房东发了一个 Email 说晚 5 分钟。到的时候，Emi 正担心我，还有她的猫咪 Nina san。

23 番药王寺边上的民宿 Guesthouse Sakuraan 樱花庵是个百年老屋，一进门就是个西班牙风格小酒吧，不管晚饭，但酒无限选择，见到民宿主人东京女子 Emi 和美国男孩 Charles。

Emi 说，庙边上有个温泉，还有 10 分钟关门。我又累又饿，说不去了，冲个凉就好。麻烦她明天帮定一个离这里 42 公里的民宿，之前距离合适打电话的那个民宿满了，看她有没有办法定一个更本地的。 Emi 告诉我冲凉在哪里，没想到猫咪 Nina san 抢先一个箭步冲进冲凉房，不肯出来，我笑，你想旁观吗？Nina san 跑过来蹭我的腿。

洗了澡，洗了衣服，吃了便当。素泊 2700 日元一晚，洗衣加烘干 300 日元。Emi 不做晚饭，但提供酒，我不喝酒。虽说素泊，所有遍路民宿都提供早饭，作为御接待 Osettai。

收拾停当，Emi 也搞定了明晚的住宿，是个小旅馆，离我之前打电话的那家也不远。还是本地人给力。立即把出发前预定的距离这里 33 公里的 Henro House 取消了。

对于外国人，有个 Henro House 网站 https://henrohouse.jp/en 可以用英语提前 30 天预定住宿，选择有限，但不用押金，到达当日下午一点前免费取消，满足遍路人"颠沛流离"的状态，既体贴，又方便。但量不多，热门住宿都供不应求。所以知道自己到不了要尽早取消，这样需要的遍路人还可以订上。不少遍路人都是提前一天订第二天的住宿，因为无法掌控自己一天走多少。而我几乎把所有的住宿都提前订好了，多长距离都可以到达，免了临时找住宿的麻烦。

今天到 22 番很顺利，然而去 23 番，感觉一路都在高速上。天黑了，好累，但是必须向前。一个人天黑跑高速不太安全，以后要调整作息，如果超长日，一定早起，避免不必要的夜跑。

晚上空调还是什么原因，第二天嘴唇上起了两个大泡，嘴角也起了泡，看来身体非常 stressed。嘴是肿的。这种肿，在跑族 800 公里前几天也不同程度出现，过些天身体适应了就好了。

什么是幸福？一路上，幸福就是身体不痛不痒，可以顺利找到住宿，吃得香，睡得着，每天泡个热水澡。在日常生活的每一天，这些基本需求似乎并不难，幸福一直在那里，但我们为何感受不到？

一连几天的奔波，让我感受到岁月静好真是福分。然而大多数人生在福中不知福，需要强烈刺激对比，才能感受到好吃因为饿，好喝因为渴的真理。What's wrong?

前四天节节加码，每天都超出计划 10%-20%，本来计划就是极限了，再超出，更加辛苦。身体在迅速适应，内心也开始安稳，对遍路更有信心了。原来心心念念的四国遍路是这个样子，有时还不相信，自己正行进在遍路上。

Day 5 | 4 月 4 日　晴
别忘了光脚的强项！

只有一座庙：23 番医王山无量寿院药王寺

原计划 32.5 公里，昨晚改为 40 公里，不想明天超过 70 公里。

在 100 多年的老房子里睡一晚，听着浪漫，住着不舒服。

半夜开着空调，没睡好，脸肿了，嘴上也起了泡。隔壁住着个男生，后来才知道是美国大男孩 Charles，97 年出生，日语讲得太好了。他现在跟一个当和尚的朋友住在京都的庙里，和尚朋友建议他走四国遍路，说得走 6-8 周。Charles 让我想起了大哥，很温暖的那种类型。

昨晚 Emi 帮定了今天 42 公里处的民宿 Michishio みちしお，把原来订的 33 公里处住宿取消，因为明天是超长日，今天要多跑一些，否则明天受不了。

大热天，Emi 做了蛋卷和路上的饭团，作为御接待 Osettai。我把不用的越野袜送给 Emi, 让她转赠有需要的遍路人，减重。

三人聊天，聊了很久。带着 Charles 拉伸，又给他膝盖贴了一张肌效贴，他太僵硬了，这也象大哥。说跑过一个全马，就跑坏了膝盖。问他会不会出家，答暂时不会，他还想旅行，当了和尚寺庙里有很多规矩和工作。后来住进高野山惠光院，才发现真的，宿坊上上下下都由年轻和尚打理，从下午阿字观冥想课，夜游奥之院，早晨玩儿火仪式护摩火供，到送饭，铺床，洗碗。仿佛和尚是个职业，而非修行人。或许修行就融于日常的点点滴滴？日子总是要过的嘛，和尚也不可能不食人间烟火？

Emi 想把四国遍路做成比赛，问我有什么建议。完赛后又回来跟 Emi 狠聊这事儿，但愿她能做成。

聊到快八点半才出门，觉得今天只有 40 公里，不着急。樱花庵门口跟 Charles 合影，他的包好重。

右转一直走不一会儿就到了 23 番医王山无量寿院药王寺，好多台阶。里面有男人和女人除厄运的台阶数字，男厄坂 42 级台阶，女厄坂 33 级台阶，台阶上都是硬币，据说每级台阶塞个硬币，可以消灾除恶。登上来，可以看到日和佐小城，以及远处的太平洋。庙里有瑜祇塔，红白相间，掩映在樱花丛中。庙边上有温泉药王之汤，昨晚没来得及光顾。赛后再次拜访，600 日元入场，细细体味了药王寺温泉和肺大师的疗愈效果。

在本堂和大师堂参拜完，放了纳扎，签字盖章。樱花美丽绽放，远处小城温婉柔美。

德岛的 23 座庙是发心的道场，就这样，4 天稀里糊涂完成发心。真的要走完这么多路才能真正发心，想是没用的。前 4 天 175 公里，路上经历种种，下定决心，痴迷起来。学会随遇而安，不管怎样，都要坚持。我唯一还没遇到的是极端天气和伤痛。发心容易，坚持到最后，是否容易？虽然有了足够的信心，但对于前途，仍然忐忑。有时，我是个自信满满的人，有时，又特别脆弱。人都有两面性，我在了解自己的旅途上越走越远。

Charles 跟我一起出发，不过他直接去 24 番，23 番昨天下午已经打过卡。早饭时他问我 21 番坐没坐缆车，我问，什么？坐缆车？当时确实不知道 21 番缆车的作用。赛后研究一番，去坐了一次，观光不错，几分钟上来，缆车站还有免费的咸茶。可昨天想都没想，顺着山路去了 22 番。他惊诧，Wow，太厉害了，我们都是爬上太龙寺，坐缆车下去。

24 番最御崎寺离 23 番有 75.8 公里，今天到不了，中间得找个地方住，明天再去拜访。没庙的日子，里程应该准一些。

还是要上 55 号国道，沿着一直南下，就会到室户，24 番最御崎寺所在的城市，也是传说中空海大师开悟的地方。开悟，都找那么偏的地儿。

九点半，太阳高照，看到 Charles 在路边休息拉伸，两个人嘻嘻哈哈跟他的大包合照一下。他的包 15 公斤，说今晚争取到 30 公里的地方露营，带了各种露营工具。

出发前，他说离开 23 番，路上就没什么商店了。我没做研究，走一步看一步吧，反正就 40 公里。挥手告别，路上最后一次见了，小伙子。

我继续跑。在国道上走烦了，快 10 公里，绕开 55 号国道右转，往小松大师方向走进山径。其实跟 55 号平行，树笔直笔直的。林子里凉快多了，路上有小虫子和蜥蜴。23 度，感觉挺热的。一路有稻田，恬静美好。12-13 公里是一段陡峭的爬升，要再回到 55 号国道。

13 公里，从小松大师出来，11 点，看到一个 Okazaki Store 冈崎商店 ，门口有一排饮料售卖机，可以吃喝了，看来 Charles 的情报也不准确。店里站着吃完，出来边上就是给 Henro 遍路人休息的小亭子，早知道，就坐这里吃了。一位遍路人 Kai san 坐在里面，60 多岁的样子，一起唱了樱花歌，两人交换了电邮。他背着一个大包，可以讲一点点英语。交谈一会儿，隔着马路告别，以后不会再见了。遍路就是这样，遇见就是缘分。但缘分都是短暂的，不用纠结。

15 公里沿着 55 号国道过 Mugi Bridge 牟岐大桥，沿着 Mugi River 牟岐河朝南，天越来越热，太阳火辣辣的。

19 公里，朝西又沿着太平洋海岸线，内妻海岸，很美。明天也是沿着这个海岸线，到室户。55 号国道这里叫土佐东街道，不知为何有这么小巧的名字。不到 22 公里要过内妻大桥，桥对面有个店叫 Sabase Daifuku 大福，进去吃点东西。Charles 是对的， 路上的店似乎都很本土，不连锁。时不时看到冲浪的人，这里应该是四国冲浪胜地吧？到处都是此处海拔多少的标志和避难的高台，台风季节这里是海啸的重灾区，不知人们是怎么熬过来的。

空海大师年轻时就是从这条路去的室户，一个人在海边的山洞里修行，产生西行求法的念头。密宗唐开元年间由善无畏、金刚智传入中国。金刚智经由海路，善无畏经由陆路，分别携带了"金刚部" 和 "胎藏部"二经的灌顶传授密法入唐，同为唐密的始祖。

空海大师的四国遍路一定得追溯这两位唐密始祖。公元 716 年，80 岁高龄的善无畏（637-735）携带梵卷，到达长安，唐玄宗 （685-762）亲自接见。一见面，发现善无畏跟梦中所见高僧一模一样，玄宗极为高兴，立即尊善无畏为国师。四年后的 720 年，金刚智（669-741）也来到洛阳、长安，面见玄宗，后来也成为大唐国师。而唐密的二祖不空（705-774）狮子国（斯里兰卡）人，14 岁在阇婆国（爪哇）师从金刚智，后随老师入唐，将唐密发扬光大。青龙寺的住持惠果（746-805）9 岁从师于不空弟子昙贞，是不空的徒孙，唐密的第 7 代传人。而空海为惠果弟子，唐密第 8 代传人。

因缘源远流长，我只能说大唐威武。

24 公里，又离开海岸线，过了一座桥，开始进入内陆，55 号国道朝南蜿蜒。

快 2 点，25.5 公里，一个咖啡店老板叫住我，给了水和糖果，咖啡店的名字叫 Fukunaga，应该是福永吧。里面似乎有一两个当地人在看电视。老板娘一开始问我要不要喝咖啡，我说水就行，她让我稍等一会儿。咖啡店的门上贴着一个 4 月 29 日四国西海岸超级马拉松的比赛的广告，120 公里。

28 公里，居然有一个 Lawson，赶紧进去吃喝上厕所，休整。天太热了，脚也不舒服。

30 公里过了 Kaifu Ohashi Bridge，又一座大桥。31 公里 55 号国道又朝西了，到了海边。

四国的庙宇包罗万象，不只一宗一派，这也体现了空海大师开放的思想，有真言宗，有天台宗，也有曹洞宗、临济宗、时宗等禅宗，里面供奉的神佛多姿多彩，人民群众什么都拜，心诚则灵。穿白衣的徒步遍路人可能也有各自的派别，虽然走的路线各不相同，但都要去 88 座庙点个卯，求同存异的遍路。

33-34 公里的样子路过取消的民宿，在路边，朝着海，很灰暗，觉得取消是多么英明。要再多走 8 公里才到今晚的住宿，为明天多挣出一小时。超长日能节省一小时 makes huge difference!

36 公里，看到防洪堤，到处都是十字形岩石，原来是防洪堤吹散了的形状，到处是海啸警告。路上总看见花的荞麦卡车，是个连锁吗？什么时候去吃一次那里的荞麦面。

下午 3 点来钟估计要晚到，原来说 4 点到店，没预想的那么容易，脚痛，快不了。请 Emi 给店里打声招呼，要 5 点多才到，人家知道何时准备晚饭。出来晚了，天太热，脚又疼，今天格外艰难。

4 点，一个白楼的 6-7 级台阶上，站着 5-6 条狗，排着队叫唤，想狗女儿遛遛了。

过了一个 638 米的隧道，好吵。这一路经常走公路，隧道没少过。

空海俗姓佐伯，幼名真鱼，出身于赞岐国 (今香川县) 的一个豪门家族。小时候就有佛性，对世俗生活不感兴趣。他 18 岁上大学，没多久退学。去室户岬修行就是他"休学旅行"的时候，年轻的佐伯真鱼除了叛逆，也有超出常人的毅力和勇气。这一路有国道我都走得呲牙咧嘴，他当年是怎么过来的呢？

还有两公里，到了冲浪的地方了，海边都是冲浪的人。

脚特别痛，痛到无法前行。试了试穿袜子走路，稍微好一些。要是带凉鞋来就好了。忘了自己光脚跑过全马，可以光脚走呀，怎么这么愚钝？！很多路适合光脚，足底自然按摩一下，就解痛了。在遍路上，脑子是慢了，因为身体在移动，生活在精简，有时一天都不太讲话，外部刺激越来越少，对于疼痛也麻木了，仿佛脚是别人的。

记得村上春树曾经引用过 Pain is inevitable but suffering is optional，中文意思痛无法避免但苦可以选择。其实这句话出自佛经，佛祖用 Two arrows 中两箭来形容普通人中一箭的实际后果。一箭身痛，身痛而胡思乱想导致心痛，犹如又中了虚拟第二箭。跑步身体的痛无法避免，但不能让心太痛，或者让心不痛，才是深刻领会不中第二枚无厘头心箭的有效操作。

我在遍路的做法，就是接受一切，呼气微笑换频道，随时放松杜绝负面情绪。

42.66 公里，8 小时 59 分 07 秒，累计爬升 421 米，下午 5 点 20 几分才到民宿 Michishio み ちしお。脚好痛好痛。五天累计 217.54 公里。

高低床，房间不隔音，都是男人，冲浪的居多。跟前台说要早起，晚饭后给我送来了便当，真好。这里包早晚饭好像 7000 日元左右，Emi 给订的，没太注意。原来日文みちしお是满潮的意思，果然是给冲浪人开的旅店。

晚餐一个人，旁边有位老先生吃完了跟我搭讪，他也走过遍路，问了问我的行程。我实在太累了，明天要一大早出发，吃完饭就想睡觉。餐厅的小伙子说，8 点来钟把便当送来，果然，不到 8 点，有人敲门，不止我一人要便当，楼道里听到敲了好几个门。难道冲浪也要早起赶潮吗？

早晨的便当有个香蕉，三个饭团，还有两样小菜。这几天都没吃到水果，想也没想，就把香蕉吃了，去去火。

白天太阳高照,戴了一会儿从香港带来的粉色墨镜,但是头晕。为了减重,晚上把这个粉色太阳眼镜扔了,没用的东西尽快处理掉,反正明天下雨,不会晒太阳了。

减重的心已深入骨髓。Letting go,也要有分寸和尺度。然而不撞南墙,很难拿捏得恰到好处。

晚上看了周围的天气预报,明天都是雨,开始慌了,60 公里那么长的一天,能否把住宿改近一些?网上剧烈搜索,没合适的,不是满了,就是里程不对。快一个小时,才发现改一天,要改若干天,所谓牵一发而动全身,改住宿的焦虑比完成当日距离的焦虑要大太多了。算了,还是按原计划走,不要想太多,走一步看一步。

真是庸人自扰之。

睡前坦然了,不管刮风下雨,随他去吧,担心都是没用的。现在每天的目标,就是从晚上住的民宿,挪到下一个住宿点。

心情豁然开朗,生活一下子简单了。

Day 6 |4 月 5 日　阴转雨
兵来将挡水来土囤，鞋底磨穿了！

3 座庙：24 番室户山明星院最御崎寺-25 番宝珠山真言院津照寺-26
番龙头山光明院金刚顶寺

计划 60.3 公里

　　晚上起夜上了好几次厕所，身体积水，每天都这样。房间里高低床，铺了一地东西。隔壁好像住了两个老头，隔音不好。

　　今天要从东洋町经室户市到奈半利町，从北到四国东部的最南端再向北，一个大大的 V 字型。V 象征胜利，志在必得。

　　4 月 5 日，清明节，修行的道场，纪念先人的日子，心中隐隐的悲伤，暗暗告诫自己，保持微笑，克服负面情绪。

　　接受一切，保持积极乐观不只是嘴炮，伴随着呼吸的调整，主动微笑以及时刻管住五官和念头的练习。

　　天不亮就起来了，吃了便当，把钥匙放在前台的门外，还没开门，戴着头灯 5 点 18 分出发。

　　天有些亮，嘴上起了一个大泡，肿起来，前 5 天太 stressful，不过还是微笑着在黑暗中自拍了一下。

　　高知的庙都离得挺远，70 多公里，80 多公里的都有。在做计划时，曾经想过拉几个长的，一天赶到。亏了没那样计划，今天近 70 公里的距离就已经觉得费劲，连拉几个，恐怕会伤到自己。

　　虽然天还黑着，有路灯，能看见路，没走几步关上头灯，省点儿电，万一跑到晚上还要用呢。　路上车不多，虽然是国道，倒也安静。一路在跑，气温正好。

　　天气预报说今天下雨，但出来是多云，甚至看到了些许早晨升起的太阳。但愿雨晚点儿下，可以干爽着多挪动出一些距离。

　　似乎一天大部分时间要跑 55 号国道。11 公里多，　还是在 55 号上，到了室户市的地盘。右脚不太舒服。一路没厕所，还有 20 几公里才能到 24 番。

　　终于有个管理事务处的厕所对遍路人开放，里面一个人都没有。

　　之前有标志说未来 10 公里没有饮料售卖机，还真是的。好在出来的早，没那么热。有些犯困，木木纳纳，一路没碰见人，不过沿途挂着各种日语加油打气的标语，可以猜出大概意思。

　　做过攻略，遍路人普遍觉得这段路是最折磨的，高速，车多，超长，没有变化，也基本没吃没喝。我倒是挺喜欢，一大早没人没车。面带微笑，跑在相对安静的海边国道。

　　8 点终于看到饮料售卖机，买了天然矿泉水，喝了几口，倒进水袋里，加了一小勺自制的电解质粉－钠钾镁的混合，无糖，市面买的糖太高。这样的操作，是为了扔塑料瓶。日本户外几乎找不到垃圾桶，自己垃圾自己负责，有时半天就产生不少，挺沉的。这一路能扔垃圾的地方主要是便利店和民宿，但是饮料售卖机前一般都有几个桶，塑料瓶，易拉罐分门别类，不过没有扔一般垃圾的桶。所以这几天吃喝都是现场搞定，现场处理垃圾，减少重量。

　　脚底下别扭，一看，左脚鞋底还没完全通，外面的胶开了，而右脚鞋底彻底磨穿了，居然第 6 天鞋漏了！这双鞋挺跟脚的，陪我跑了不少百公里和 50 公里，有感情了。看能不能粘上，这荒郊野外的，没个店铺，买鞋是不可能的了。200 多公里鞋跑成这样，也是没谁了。不过讲真，遍路前这双鞋的"里程"已经超高，属于我判断失误。好在临行左右脚各买了两个塑胶贴，可以贴鞋后跟，也可以贴鞋的中部和前脚掌，当时的用意是每天改变两脚落地使用的肌肉，避免过度使用损伤，现在暂时把右脚后跟儿贴上，右脚就不用磨地面了。这鞋还能陪我跑完 1200 公里吗？去年 11 月自己跑大屿山 100，最后 10 公里爬 Sunset Peak 大东山之前，萨洛蒙越野鞋的两个底儿都掉了，穿着没底儿的鞋翻过大东山跑到终点，赛后还说，以后越野，鞋漏了也不怕。这回赶上了，还有 1000 公里！

　　看着漏鞋，我居然被自己的"愚笨"逗乐了，兵来将挡，水来土囤，继续。

　　不渴不饿，跑的挺开心。天阴阴的，跟昨天的艳阳完全两样，海看着暗潮汹涌。路过一个小村子，但也没有店铺。

　　17 公里多在一个叫 Mon Mart 的便利店买了吃的喝的，跟全国连锁的 FamilyMart，Lawson 和 7-11 不太一样，不过大同小异。日本的便利店真的便利，据说人民群众最喜欢的是 7-11，便当品种繁多，其次是 FamilyMart，全家，再次是 Lawson，罗森。四国感觉最多的是全家和罗森，7-11 似乎只在大一点的城市才有。7-11 第一家 1974 年在东京开店，口号"您方便的好邻居"，全国有 21000 多家店。FamilyMart 第一家 1973 年在琦玉县狭山市开店，口号"全家就是你家"，全国也有 15000 家店。Lawson 第一家 1975 年在大阪开店，口号"城镇的健康站"，全国有 14000 家连锁店。这些连锁店除了解决吃喝拉撒，还可以上网，取钱，打印，有些甚至可以邮寄接收包裹，几乎所有日常需求都可以搞定，而且 365 天 24 小时营业。遍路上，便利店成为不可或缺的补给站。

　　上嘴唇起泡，一吃东西就出血，很狼狈。不过还是保持微笑，如果边上有人录下我的样子，一定很奇怪。

8 点 45 分，21-2 公里的样子，又看到一个 FamilyMart，赶紧进去补给，解决内需。没做过攻略，不知今天路上的便利店有多少，都在哪里，所以看到就用一下，吃喝拉撒，总没坏处。

早晨遇到两波大妈，看着我都说 Amei 要来了。我一直摸不着头脑，把 Amei 想成 Anei (姐姐)，以为当地人也有"小姐姐"一说。到了这个全家便利店，年轻的店员又提醒我，Amei 要来了，我跟她说 Wakali Masen，不明白。她掏出手机，说了句日文，屏幕打出英文：好像要下雨了，你有准备吗？我恍然大悟，原来 Amei 是雨的意思，听过但没用过，一下子反应不过来！真是书到用时方恨少。我忙告诉她，有雨衣，大丈夫 (没事) Deisu。她笑着说 Ki Ao Tsukete 気をつけて，一路小心。

过去 20 年，来了日本无数次，都没有提起学日语的兴趣。Why？ 大部分时间来出差，目的地主要是东京。讲英语，人家对你客客气气。有个 ABC 朋友被公司派到日本做公司律师，她全身心投入到日语学习当中，语言进步了，却发现，同事愈发把她当下人使唤，端茶送水。一开始不在意，不就是帮男同事倒个茶吗？后来发现，原来在日本职场，女生基本就是来服务的，她一旦说起日语，人家就把她往日本女生堆里放。我做女汉子的日子，为了能与日本男同事平权，主动把自己放进日语文盲堆里，一句都不讲，结果全还给男老师了。亏了疫情这三年的恶补，至少可以张开嘴了。

继续，看到夫妇岩。对面有餐馆，刚吃完，不停了。太平洋就在左手边，看着有些麻木了。不过多云，没昨天那么晒。

26 公里，路上铺了好多渔网，看到十来个人蹲在中间补鱼网，他们会修鞋吗？没好意思问，只是打了声招呼，就过去了。

路边室户市的 Geopark Site 广告很显眼，那是个什么所在？

34.63 公里，看到空海大师塑像的标示了，那是纪念大师年轻时在室户岬修行的雕像。

这路真很磨人，对重装的群众一定更折磨。快 35 公里，我也有点儿折磨，有点累，有点无聊，脚有时还痛。不时穿袜子在海边堤坝上走，换肌肉。

12 点 23 分，终于远远看到空海大师像，自拍一下。天阴，刮风，无雨。还没到 24 番入山口，室户岬的标志时不时出现。

佐伯真鱼年轻时机缘巧合受赠《金刚顶虚空藏求闻持法》，据说来自奈良石渊寺勤操法师。792 年他 18 岁在室户岬为了增强记忆力苦修，打坐的山洞叫御厨人窟，修的就是这本书。在洞中他只能看到天空和海洋，后来取法名空海与之不无关系。 据说他念诵曼荼罗（咒语）一百万遍以后，有了"空中璀灿星辰突然飞入口中"的奇妙体验，传说御厨人窟苦修使得青年空海过目不忘，赋予他理解所有佛经的智慧，从此开悟。21 番太龙寺的舍心岳据说也是空海年轻时修虚空藏求闻持法的地方，现在那里还有人在修这个增强记忆力，50 天每天念诵 2 万遍曼荼罗达到一百万遍的节奏。另外，年轻的真鱼也去了石锤山苦修虚空藏求闻持法。室户岬，舍心岳和石锤山可谓四国的"极地"，偏，远，高，险，可见大师年轻时修行的决心和努力。

所以为何留学唐朝不到两年青龙寺住持惠果可以 3 个月内传他衣钵？因为他入唐之前早已修行了 10 年。后来天台宗始祖最澄希望阿闍梨（上师）灌顶时，空海说要等三年，最澄不解，反问空海不是 3 个月就赋予大阿闍梨灌顶吗？空海答：那是因为遇到惠果大师前已有 10 年苦功。

在御厨人窟前看到两位白衣遍路人，是今天第一次的遇见。看着他们的背影，我日语说了一句早上好，没反应。接着用英文说一遍，他们才回头，原来是老外，巴西人玛丽和尼古拉。两个人看着面熟，好像在德岛的哪个庙见过。问他们从哪里来？说就住在附近酒店，也是徒步的，估计属于坐车加徒步的那种。他们也说好像之前见过我。

御厨人窟疫情期间关了，现在对外开放。我顺着指示走进去。山洞里很大，在某个角度确实只能看见天空和大海。最尽头大概是大师打坐的地方，供奉着鲜花瓜果，香烟缭绕，看来有人定期打理。我屏息静气，体验了一下坐在这里的感觉。这个洞，冬暖夏凉，是修行的好地方。

不知什么原因，玛丽和尼古拉没有进洞。我出来，跟他们挥手告别。

沿着 55 号国道继续，大概 12 点 40 几分到了 24 番的入山口，竖了一个很高的碑，上面写着离本堂还有 695 米。我有些蒙圈儿，这里海拔个位数，695 米还不得爬上 1-2 个小时？爬着爬着，才反应过来，695 米不是爬升，是距离，长舒一口气。果然，没多久，就看到离本堂 100 米的记号了。爬山换换肌肉，感觉很好。一路有室户岬灯台的标识，没有绕上灯台。

下午一点，37 公里到了 24 番室戶山明星院最御崎寺，好大的一个所在，本尊是虚空藏菩萨，属真言宗丰山派。先去本堂，再去大师堂。山上可以看到室户市的全景，镶嵌在太平洋边，如果晴天，更好看。据传大师 33 岁从唐朝归来故地重游，在此开基立寺。

不到一点半，24 番离 25 番津照寺有 6.4 公里。出来，沿着下坡就跑，好饿，快 20 公里没吃东西了。庙里只有饮料售卖机，不卖食物，而这一路也没什么店。

室户好小，风景超好。今天 5 点之前要赶到 26 番金刚顶寺，住宿是个 Henro House Kayougo，离 26 番还有 14 公里，不过只要 26 番打了卡就不用着急了。

浩瀚无际的太平洋，沿着小路跑下去，又上了 55 号国道。

还是饿，希望找到吃的。一路张望，路边小巷子里传来乐曲声，就是没人没店。这里属于四国人烟稀少的地方，热闹靠广播来营造。

看到室户的渔港，很萧条，离 25 番津照寺还有 3 公里。快两点半，路边有被海啸冲倒的房屋，变形扭曲倒在地上，居然没人清理，成为这里曾经海啸肆虐的最好证据。

43 公里下午快 3 点看到 Yamazaki，象见到救星。Yamazaki 山崎商店由日本最大的烘培公司山崎面包经营，1977 年就在日本开店了，香港的山崎面包很火。进去，各种吃的，终于买到盒饭，饿死了。坐下来，三口两口，满血复活。

出来不到 300 米，就到了 25 番宝珠山真言院津照寺，没想到这么近！庙前有住宿也有吃饭买东西的地方，早知道，就在津照寺门口吃了，比便利店有情调多了。可刚才狼吞虎咽，已经饱了。

到本宫还要爬上去，好高！上面可以看到太平洋，风景不错。这里的本尊是延命地藏菩萨，也属于真言宗丰山派。807年，空海大师为渔民的安全和丰收，刻了一尊地藏菩萨为本尊，在此开基立寺。种种传说，表明空海大师也是一位造诣深厚的雕刻艺术家，几乎每座庙都有他的作品。

大师堂前碰到从奥地利来的女生 Stephanie，很安静，坐在那里研究地图，说今晚就住在 26 番前。我给她看了现在的里程，告诉她还有快 20 公里，她说好厉害，加油！

25 番离 26 番有 3.9 公里，还要折返到庙前街，没进店，跟 Stephanie 告别，一路跑下去。下午 4 点 07 分到了 26 番龙头山光明院金刚顶寺。

参道入口还挺高的，好壮观，敲了钟。去大师堂，再去本堂。这里的本尊是药师佛，也属于真言宗丰山派。传说空海大师在此与危害人类的妖怪天狗缠斗，最终得胜。大师在小堂里安置了自己的塑像，有大师像在，天狗就没有再来。夏天去北海道的小樽上天狗山，居然看见空海大师像，大为惊奇，莫非大师克天狗？

离今晚住宿剩下 17 公里。

可下山彻底迷路了，折返，上下两次。主要因为是按照庙里的图，还是 Google 导航走，没拿定主意，绕了半天，5 点才走上正路。

还有最后 14 公里，要从山里绕出去，再回到 55 号国道上。有些下小雨，穿上雨衣。

57 公里，雨越来越大，从山上下来。24 番到 25 番再到 26 番的爬山，换了脚，反而觉得不那么累，脚也不痛了。说了一天的 Amei，终于来了，庆幸白天都是干的。

晚上七点半，还有 2.3 公里的样子，天彻底黑了。

天黑在国道上跑很别扭，车呼啸而过，卷起泥水。虽然包后面有反光带，路边有行人道，还是不能完全放松。未来超过 50 公里的日子还要早起。

今天光脚走了几把，加上山路的崎岖不平，脚目前还正常。原以为只有 60 公里，现在超了。

晚上 7 点 52 分，雨中到了 Henro House Karyogo，就在 55 号国道旁，门口挂着旗，好认。66.55 公里，14 小时 34 分 46 秒，累计爬升 654 米。A long day! 无论时间还是距离。6 天累计 284.09 公里，慢慢成为铁人。

住宿离开 26 番 14.5 公里，到 27 番还有 13.8 公里，好长的一天。

主人安冈先生把我迎进来，帮我把湿漉漉的雨衣挂起来。我脱鞋，填表，一进门的桌子上摆了各种各样遍路指南和小旗。这里也是素泊，没晚饭，早饭是御接待 Osettai，3300 日元，很便宜。安冈先生原本是生意人，去过上海 20 次，他问我饿不饿，我更想洗澡洗衣服。他带我去与客厅连着的车库还是游戏房，下了几级台阶，告诉我风吕在哪里，怎么洗衣服。

楼上好大，有卧室还有书房。有一台钢琴，主人是爱好音乐的人。楼下很凌乱，楼上客房倒是干净整洁。

今天下雨，爬山，反而状态变好，脚也不疼了。昨天最难，42 公里，最后脚痛得不得了。所以恶劣天气也未必都是坏事。

洗了衣服，喝了茶，干了衣服和鞋。他不管饭，也就没吃晚饭，累到不想吃饭。

楼上客厅有个剪刀，把剩下的肌效贴全部剪小了，省着用。肌效贴是这一路除了鞋最有用的东西。每天早晨的一大任务就是贴脚：防泡，防受伤，，减痛，疗愈。成为贴脚专家。

　　大雨中，有这样一个安全的栖息所在，梦中都会笑醒，夫复何求？

Day 7 |4月6日 雨
最美海边咖啡厅

一座庙：27 番竹林山地藏院神峰寺

计划 51.8 公里

安冈先生的木屋很好，楼上一个大套间，6 天以来第一次睡床，嘴和身上都肿，身体对遍路的反应很激烈。主人睡楼下，洗衣洗澡厨房也都在楼下。

一晚听着风雨声和窗外的车声，不过休息得不错。

主人 5 点 15 分做好早饭，好饿，好吃，尤其是西红柿和厚厚的吐司。送给他手抄心经，感谢招待。

一晚上下雨，鞋和衣服都干了，鞋里放了半盒餐巾纸。窗外就是 55 号国道。

5 点 53 分天不亮出发，在门口和安冈先生道别。可能因为下雨，外面还漆黑。

55 号沿着海边一路向南。有些喜欢下雨天，脚没有那么痛了，因为雨水降温的缘故吧？

5 公里有个 Lawson 奈半利店，吃了东西，上了厕所，总是饿，身体消耗很大。

8 公里了，海很灰暗，晴天和雨天在海边的感觉截然不同。雨太大，没怎么照相。临行，妹妹给了我一个手指木偶棕色毛茸茸的小袋鼠，起名小黄，每到一个寺庙，就和小黄合影一张，雨天这个传统可能有些玄。

早晨 8 点 08 分，看到很多大棚，离 27 番神峰寺还有 4 公里，大概跑了 10 公里，从 55 号国道下来，幽静起来。有时国道跑烦了，下到小路一下子觉得特别安静，上面的噪音还是挺大的。下雨天凉快，没那么难受，小心手机淋湿，路上没了手机，就会迷失方向。

右转，小雨，有江南的味道。要爬山了。

空海大师有点儿象李白，诗书画都行。他是技艺精湛的书法家，精通篆、隶、草、行、楷五钟书体，被称为"五笔和尚"，与嵯峨天皇、橘逸势共称平安三笔，著名书法作品有《风信帖》，《文镜秘府论》等。《文镜秘府论》形式上是书法作品，但内容是中国诗文理论，如何写诗做文章的指南。《风信贴》是他 38-40 岁期间写给天台宗始祖最澄的信，名义上通过最澄的弟子转达。最澄大师创立了日本天台宗，谥号传教大师，

高野山和比叡山冬季严寒，最澄大师律法严格，弟子喝酒逐出山门。空海大师据说允许弟子喝一杯盐酒，但不得有下酒菜。高野山僧人有在酒里放酸梅的传统，称为"般若汤"。大概空海大师把酒当成药了，用于驱寒，而非破戒的花天酒地？

两人 804 年一同赴唐，从此结下不解之缘，挚友与宿敌？爱恨情仇。

大师之间的信函，空海的"风信帖"行云流水，一句"风信云书"道出大师的浪漫飘逸；最澄的"久隔帖"端庄文雅，一句"久隔清音"道出他的纯厚质朴。二帖墨笔同为日本国宝。虽然两位大师有说不清的纠葛，但不影响两人在日本佛教历史上的宗师地位，所谓瑕不掩瑜。

下雨，负重，爬山，没点儿体力，搞不定。神峰寺还挺高，难道也是一个难所？

折腾了 3 小时 27 分，9 点 06 分，14 公里多到了竹林山地藏院神峰寺，海拔有 500米，到安田町了。寺内长长的石头台阶两侧有美丽的日本庭园，修剪得一丝不苟，台阶中间红色栏杆很扎眼。钟楼的后面有石清水，相传有一位重病女子梦见空海大师，大师告诉她喝了这水能治病，她因喝水而得救。据说喝了这泉水还可以治嗓子，我脚痛，嗓子没事。

这里是真言宗丰山派，本尊 11 面观音是行基菩萨 730 年刻的，809 年，空海大师在这里建伽蓝建庙，命名为观音堂。伽蓝来自梵语 samghārāma，意译为"僧团"的意思。

密宗认为佛有三身：法身、报身、化身。大日如来是法身佛，卢舍那佛是报身佛，释迦牟尼佛是化身佛。释迦牟尼佛是汉传佛教所有宗派共尊的主佛，是最神圣的佛。然而密宗却认为大日如来才是至高无上的佛。

佛教有显教和密教的分类，显教指能以语言文字阐明教义的教派，与密教相对，真言宗的真言是咒语 Mantra 的意思，语言文字说不清楚，有神秘性，属于密宗。天台、华严、净土宗等属显教。但日本天台宗因为始祖最澄受唐密影响，也参杂了咒语，所以也叫台密。

　　密教产于印度教，自称来自法身佛大日如来亲证的秘密法门和真实言教。大日如来是作为佛法的真理存在，释迦牟尼是作为传法的化身存在，是大日如来的化身。大日如来是密宗的最高佛，而释迦牟尼是显宗的最高佛。

　　这一路开始慢慢去了解空海大师的密教遍路。

　　下山去 28 番大日寺要折返，第三个大日寺，离这里 37.9 公里，今天不知能否赶到。前两个大日寺分别是 4 番和 13 番。

　　原路返回，右转，18 公里多一点又绕上 55 号国道。刚才雨太大，没怎么拍照录影。每次到了庙前，小黄与庙合影，我会录一段感言，然而大雨中，只好免了。

　　十点半，过一个 1332 米的隧道，好在里面不下雨，行人有一个高台，是浸水时紧急使用的，走在上面，感觉安全。21-2 公里了，隧道里好吵。

　　过了隧道，又上了 55 号国道，有些地方没栏杆，注意安全。

　　看到山泉，好漂亮。

　　25 公里在安云伊尾大东店的 Lawson 吃了东西，上厕所，补给。一路有便利店太幸福了。

　　雨停了，在安云镇 Aki town 的一个休息处，脱下雨衣，上厕所。海上有人冲浪，沙滩黑的。

41 公里，看到海边一个特别漂亮的建筑，镂空悬在海上，叫 Sea House，下午 3 点 10 分，有些困，进去看看，里面是我见过最有情调的餐馆之一。我的穿着有些不搭，不过跟前台说自己是遍路人，她很客气请我坐上二楼，点了当地特色的一个什么套餐，隔着三面玻璃，欣赏着灰蒙蒙的太平洋。上来一大盘食物，各种小碗，吃得不错，服务也好。楼上本来有一对母女在喝茶，不多久就离开了，剩下我一人独享片刻间的安宁，脚下就是太平洋。

继续，44.5 公里，在 7-11 香南夜须店喝了东西，明显累了。这一路 Lawson，FamilyMart 和 7-11 交替，不知按什么样的原则开店。

50 公里多，终于从 55 号国道下来，上了县道 22 号，又拐上 234 号县道，在香南市区寻找晚上住的民宿，又下起雨来。

28 番大日寺 5 点关门前赶不到了，民宿离 28 番有 999 米，很近，可以明早再去。6 点 05 分，还有 4-500 米才到 Guesthouse 水仙，已经 53 公里了，今天溢出 5%。浑身都湿的，雨天有好有坏，好处就是脚不断降温，不痛了。

53.32 公里，12 小时 15 分 20 秒，累计爬升 656 米，7 天累计 337.41 公里。

一天大雨，主要行进在 55 号国道上，湿淋淋来到 Guesthouse 水仙。房东内田京子女士太好了，给我做了荞麦面，洗了衣服，烘干鞋，还拿了一叠纳札给我，她怎么知道我的要用完了？按一个庙两个纳札的速度，88 番就得 176 张。加上遇到遍路人，人家给御接待，都要用到纳札，所以在第一番买的 100 张纳札需要补给了。为了不额外增加重量，我数出刚刚够用的一叠撕下来，其余的还给老板娘。

选了楼下的房间，楼上也有几间房，但得下楼上厕所，不方便。房间很大，两张床，还有沙发，太温暖了。窗外马路对面就是一个 Lawson 便利店，但太累了，进门就没再出去。

这里一晚 6000 日元，一路住宿基本都是 6000-8000 的水平。只要有早晚饭，我一定选有两餐的，人家运营民宿不容易，能多花钱就多花钱，我方便他也开心。

安顿好，房东把荞麦面送到房间，热腾腾的，好香。她用翻译软件，两人沟通没问题。看到桌子上我晾的日元，内田笑了，钱都湿了。

大雨，一天在 55 号国道上，特别累。老板娘问我明天住哪里，我说温古社。过一会儿，她进来问，你有多余的包吗？我明天帮你把不用的东西送到温古社。我有点不敢相信自己的耳朵，听说过几个"难所"前有民宿帮运包的，还没听说平地人肉送包服务。因为明天住的民宿女主人加藤是她的朋友，两人好久没见了，她开车帮我把衣物运到温古社，她说，这是 service，无料，免费的御接待 Osettai。当地人免费给吃，给喝，还有免费帮运行李的！我给了她一个大大的拥抱。

遍路 7 天，对四国 88 所灵场有了感性认识。

如今的 88 札所中除了真言宗，还包含天台宗、曹洞宗、临济宗、时宗等其他宗派，不少庙宇其实神佛共存，既有佛教传统，还有神道教色彩。跟西班牙 800 朝圣类似，四国遍路已经超越了宗教，宗派，种族，国籍，阶级等限制，成为一条人人都能发心的遍路。

沿途村民的自发"接待"传统，为遍路人免费提供食宿等帮助，历史上是遍路走向大众化的前提。

相传空海大师在 42 岁的厄运年，也就是公元 815 年（弘仁 6 年）开创了四国灵场，他的目的是让弟子们行万里路，在山野自然中体会修行密法，同时也把密法带给普通大众。此后弟子真济（800-860）追寻大师足迹修行，开启了遍路修行。

平安时代末期的《今昔物语集》和《梁尘秘抄》零星记载了四国修行的僧侣：如高僧圣宝（832-909）和重源（1121-1206），西行禅师在 1167 年参拜了祭祀崇德上皇的白峰寺，但当时徒步四国尚未形成风气。

进入镰仓时代 （1185-1333），僧人道范（1178-1252）在《南海流浪记》中记载了自己参拜空海四国遗迹的经历。"四国遍路"一词也在弘安年间（1278-1288）的醍醐寺文书中首次出现。

到了室町时代 （1336-1573），四国遍路不再只是僧侣们的修行方式，在平民中推广起来。13-15 世纪的两位真言宗高僧，善通寺中兴之祖宥范（1270-1352），和复兴四国多所寺院神社的增吽（1366-1452），把 88 座庙宇确定下来。

江户时代（1603-1868）初期徒步四国遍路已经非常普及。江户中期，一般庶民阶层的遍路行达到鼎盛，人们把走遍路称为遍路巡礼。

1687 年，游僧宥辨真念出版了第一本遍路手册《四国遍路指南》，记录了札所番号、寺庙情况等，被誉为"四国遍路之父"。

　　兵库县丰冈人细田周英绘制的《四国偏礼绘图》1763 年出版，与《四国遍路指南》的内容相互补充，有图有真相，方便了大众遍路人。空海大师在开创四国遍路时，估计没有想到，有一天这条路会吸引如此多的一般大众。

　　明治时代（1868–1912）初期，遍路迎来了低迷期。这与 1868 年的神佛分离令，以及由此而引发的废佛毁释运动分不开。88 所中不少寺庙神佛共存，因而遭遇废寺。明治中期遍路又开始复兴，祈求身体康复，成人礼等不同形态的遍路人出现。遍路的宗教色彩减弱。

　　进入昭和时代（1926–1989），随着交通工具的进步，诞生了"车遍路"，区别于传统的"徒步遍路"。更加亲民休闲的"观光遍路"引发了又一次遍路热。

　　进入 21 世纪，寻求自我疗愈，自我发现的遍路人成了主流。沿途的休息站、道路、标志得到了一定程度修葺，徒步遍路人的数量有所回升，来自海外的朝圣者也越来越多。疫情前，每年接近 10 万人参拜四国庙宇。

　　我就是遍路新潮流的受益者和追随者，算自我发现一族吧。

　　一周了，感觉起死回生，最难的日子过去了。

　　连着拉长的，增强了对自己体力，耐力和意志力的信心。原来信心就是这样一点一滴建立起来的。开始遍路前，是无知者无畏，前三天，是最软弱的时候，肉体和精神都很脆弱，经过 7 天风吹日晒雨淋，337.41 公里的洗礼，平均每天 48.2 公里的折磨，终于可以说，我有信心了！

　　这个信心来之不易，不在其中，无法体会。没有经历，只能空谈，这就是知行合一吧。

Day 8　|4 月 7 日　　风雨
大雨大风中有惊无险

7 座庙：28 番法界山高照院大日寺-29 番摩尼山宝藏院国分寺-30 番百百山东明院善乐寺-31 番五台山金色院竹林寺-32 番八叶山求闻持院禅师峰寺-33 番高福山幸福院雪蹊寺-34 番本尾山朱雀院种间寺

计划 51.7 公里，从 28 番到 35 番，一天安排了 8 座庙，事后复盘，真是疯狂。

人的认知很奇怪，一般都要撞把南墙，才能纠偏。所以失败是成功之母，吃一堑长一智真是太精辟了。

今天的我信心满满，昨晚睡得很好，满血复活。一周了，都是背着比较重的包，影响我跑起来。如今老板娘帮着减负，今天肯定轻松完赛，不就 50 公里吗？跑了无数 50 公里，这应该是爬升最小的一个。

大体方向朝西，不过先向北，再向西，然后向南，最后一路向西。

Guesthouse 水仙位于香南市，周围很热闹，门口就有一个 Lawson，昨天到时大雨稀里糊涂，对于周边也没看清楚。昨晚老板娘说如果饿了，对面便利店有吃的。我吃了她做的荞麦面就饱了，累的，也不想出门，虽然咫尺之隔。

老板娘一大早做好早饭送到房间，鸡蛋，小菜，鳗鱼，味增汤，米饭，抹茶，温暖美味。把不用的东西打好包，交给她，包括备用手机和头灯。心想，今天这么轻装，天黑前肯定到了。她收了包，我还在嘀咕，这么大的雨，真是难为她了。

外面稀里哗啦，穿上老板娘吹了一晚干干的鞋，披上雨衣，6 点 35 分，义无反顾出了门。

脚上鞋里干了不到一分钟，又全湿了。这就是雨天的真相，身体可以保持干燥，脚几乎不可能。

右转，离 28 番大日寺不到 1 公里，很快。

大风大雨中来到 28 番法界山高照院大日寺，才 6 点 50 分，纳经所还没开门。这是第三个大日寺，德岛有两个，分别是 4 番和 13 番。据说行基菩萨在此刻了大日如来开基立寺后，空海大师云游到此，用指甲在一块楠木上刻了一尊药师佛，并安置在奥之院内。这尊佛像被称为"爪雕药师"，对治疗颈椎病特别灵验。这座大日寺属于真言宗智山派。真言宗内也分高野山，东寺，丰山，智山等派别，不知有何区别。

雨小了，可以脱雨衣了。然而从 28 番出来，雨又大起来，还有风。这样一会儿穿雨衣，一会儿脱雨衣，一天终于不知不觉把孩子爸的 RXL 雨衣弄丢了。心中暗自窃喜，又舍了一件东西。

RXL 特轻雨衣是 2017 年跑 UTMF 环富士山 165 时买的，两人各买一件，我的拉链坏了，出发前送去修，孩子爸把他的借给我，大一些，可以把越野包套上。今天试下来，再好的雨衣这么大的风雨也挡不住，最管用的，是我在香港便利店 32 块港币买的一次性套头塑料雨衣，保证核心部分干爽。日本便利店卖的雨衣，太重，前面系扣，大雨还是有漏洞，会湿。于是一次性套头雨衣成为雨天必备。

28 番到 29 番摩尼山宝藏院国分寺有 9.2 公里，在大雨中摸索着前行。稻田里水要溢出来了，看不清东南西北。找了一番 8 点 50 分才到，手机导航只能隔着雨衣看，路标几乎看不见。有时能见度觉得没有了，好在不热，体力消耗不大。

行基菩萨是 7 世纪日本奈良时代的僧人，不但建了奈良的东大寺，还发誓普度众生，全日本建庙普法。据说他在此开基，并作为土佐的国分寺，后来空海大师到这里修行"星供"密法。星供是按自身年龄向对应的星星祈祷，避灾求福的仪式。密教各种咒语和仪式，我全当成遍路文化来欣赏和尊重。一路上有太多空海大师的神秘传说，让人觉得真真假假。不过他开启了四国 88 所的行脚模式不假。

29 番国分寺已经到南国市了，雨中也没看出从香南市到这里有啥分别。主尊是千手观音，觉得遍路寺庙的主尊最多的除了药师佛就是千手观音。

29 番到 30 番善乐寺有 6.9 公里，快到时走错了，上山，走上车道，爬到山顶。遍路道其实左转很快就到。在山上看到之前大日寺遇见的丹麦小伙子，他脚程不慢。

30 番之前进一个神庙土佐一宫避雨，好大，像泰国的台风雨。后来发现这不是 30 番，几百米才来到真正的 30 番百百山东明院善乐寺，就在旁边，10 点 40 了。这里的山名跟空海大师有关，原来当年大师行脚至此，看到周围都是山峰和谷地，开始数起来，说，只要数到 100 座山峰和山谷，就在此开基。可数来数去，只有 99 座山峰和山谷。大师可能太喜欢这个地方了，就取名百百山，建了一座庙，把这座庙宇当作第 100 座山峰和山谷。当时庙里很大，刚才的土佐一宫曾经是善乐寺的山门。

日本明治政府 1868 年发布神佛分离令，善乐寺遭到重创，曾在 1872 年被废，本尊移到安乐寺，并以安乐寺为第 30 番札所。1929 年，善乐寺重建，善乐寺和安乐寺都被视为第 30 番札所。后来双方协议，第 30 番札所为善乐寺，而安乐寺为其奥之院。

善乐寺主尊阿弥陀如来，已经隶属高知市了，但一进庙门有一尊 5 米高的观音像，很显眼。庙里还有个戴着小红帽，围着小兜肚的梅见地藏，人们向他祈求颈椎和脑部疾病的康复。下雨，赶路，四周灰蒙蒙的。

30 番到 31 番竹林寺 6.5 公里，从 30 番出来，我，丹麦小伙和一位日本遍路人走在一起。大家走了 800 米，我进了一个便利店吃东西，就散了。

他们男生认路很厉害，而我在 30 番纳经所没问路，也没看地图，跟着 Google 导航，把我带到一个小巷子里，说要左手上山，可没路啊！绕来绕去绕了快一个小时，迷路迷到绝望。咬咬牙找到一条貌似可以上山的路，从坟地上去。沿着野山，一直朝着西南方向爬，到山顶，居然亭台楼阁，鸟语花香，游人如织。我有些蒙圈儿，往前走，到了高知牧野植物园门口，很多人排队买票入园，我则急匆匆出园，免费逛了一下植物园。

中午 12 点 52 分赶到 31 番五台山金色院竹林寺，看着象个美术馆。竹林寺据说 724 年圣武天皇仿照山西五台山的寺庙而建，主尊文殊菩萨。现在很多要考试的人来求好运，这里成为当地的文化艺术中心。

都没来得及仔细看，纳完经就往下一座庙跑。

31 番到 32 番 6.1 公里，一路小跑，两点一过就到了。32 番八叶山求闻持院禅师峰寺，风景很好，面对太平洋，盖在山上，主尊 11 面观音。上山时，看到早先遇到的日本遍路人下山，他没走错路，很快。庙建那么高，觉得是为了防海啸。纳经所的外面有免费的咖啡茶，来一杯咖啡，没喝完，这下雨天，暖暖的，很好的御接待 Osettai。这座庙已经隶属南国市了，不知何时离开了高知市。不过 33 番和 34 番又回高知市地界。

32 番到 33 番 8.1 公里，按照 Google 导航跑了半天，三点半到了码头种崎渡船场，Google 导航说你要坐船过海。我吓了一跳，揉揉眼睛，前面的确是个海湾，插翅难飞。周围一个人影都没有，看到贴着的船期，不明就里，哪里买票呢？有个人走过，一问，才知道，船是免费的，一小时一班，4 点 10 分下一班，等着吧。早知道，刚才路上不用那么着急，买些吃的再来坐船。

现在堵在码头这里，主要让 Google 导航闹的，去 31 番上了条野路，最后硬上，从高知植物园背面爬上去，耽误至少一小时，不然 3 点 10 分的船怎么也能赶上。一个人胡思乱想，既来之，则安之，反正也没别的办法。难道没人绕过这个海峡？走陆路？

等了 40 分钟，船来了，那种简陋的渡船，四面漏风。船上一男一女，还有个骑车的小伙子，阴天，很冷，我把包里所有的衣服都穿上，包括塑料雨衣。5 分钟，到了对面的长滨。

高知市的桂浜有坂本龙马纪念馆，而眼下的长浜应该是离桂浜最近的地方，一水之隔，可惜没时间了。每年 2 月中有高知龙马马拉松，明年是第 10 年，马拉松路线就经过桂浜。

政治家旅游达人坂本龙马（1835-1867）是高知人，只活了 33 岁，虽生于武士家庭，却成了幕府的掘墓人。当时有许多势力试图武力推翻幕府，龙马虽精通剑术，但不依赖武力，提议采取和平的政治改革。幕府居然接受，就这样结束了长达 650 多年的武家政权，带领日本进入新时代。

1867 年明治天皇继位，日本向文明开放迈进了一步。在短暂而精彩的一生中，龙马也活跃于诸多领域。他在长崎成立的"龟山社中"是日本第一家贸易公司。据说他还是日本第一个去蜜月旅行的人。不幸的是，他在 33 岁生日被暗杀。直到今天，坂本龙马仍然是日本历史上人气极高的末代武士之一。

33 番雪蹊寺恐怕是离桂浜最近的寺庙了，只可惜，无法去参观坂本龙马纪念馆了。

沿着 278 号县道再转 34 号县道跑跑跑，到 33 番高福山幸福院雪蹊寺下午四点半，快 43 公里，不是满满的幸福感，而是各种担心。

雪蹊寺是四国三座禅寺之一，原来是真言宗，后来改为临济宗妙心寺派。另外两座禅寺是 11 番藤井寺和 15 番国分寺。

脑筋急转弯时刻：34 番下午 5 点关门，6.4 公里，半小时肯定来不及了，可如果错过盖章，纳经帐就不完整了，明天再去盖章也不现实，因为方向不同也没那么多时间。怎么办？大脑高速运转，忽然灵光一闪，请纳经所的女生叫个出租，司机拉过去先盖章，拉回来从 33 番再走过去。

纳经所的女生听明白了，帮我叫了车，说 5 分钟到，还给 34 番打了个电话，说有位香港女遍路人要过来盖章，让他们等一等。司机左拐右拐，沿着小路在乡间前行，居然看到早先遇见的日本遍路人，他肯定赶上了 3 点 10 分的船，但赶不上 34 番关门了，估计今晚就住在附近。

下午 4 点 50 分，到了 34 番种间寺，阳光灿烂。

让司机等着，进去盖章，急急忙忙，都没来得及吹干。出来，心里好纠结，从这里直接去民宿只有 10 公里，回 33 番还得 16.4 公里。但失败对于我来说就是少走任何一段路。于是，咬咬牙，对司机说，回 33 番。司机看着我，不可置信，你确定吗？我笑笑，徒步的遍路人，必须完成 33 番到 34 番这一段。沿着过来的路，5 点 10 分又回到起点。这才注意到 33 番前立着"人生即遍路"的石碑，山头火的名句。今天就充分演绎了遍路人生，各种突发情况，各种不确定。

来回 3000 多日元，交完钱，下来整理一下，沿着 278 县道开跑。要抓紧时间，手机电不多了，没电，民宿肯定找不到，山里的一个 Henro House。

很快拐进小路，又绕上 279 县道。离 34 番种间寺不到两公里，好安静。天终于晴了，下午 5 点 50 分，手机要没电了，头灯运到民宿了，夕阳很美。

6 点多到 34 番本尾山朱雀院种间寺，还属于高知市，但已经很乡下了，49 公里多。这里的本尊是药师佛，寺名源于空海大师在此种下五谷的种子，从大唐带回的米、麦、粟、黍、豆。这里也是祈求安产的庙宇，孕妇会把新的木头柄杓交给寺庙，僧人将柄杓底部的勺子拔掉，祈福 3 天后，再让孕妇带回家，平安生产后产妇会把柄杓带到这里的观音堂供奉。现在安产，治病对我都不重要，迫切需要的是一把手电筒。

在 34 番对面的小店里买了咸咸的饼干，问老板娘有没有手电筒，天黑了，我还有 10 公里才能到民宿，她说没有。看到桌子旁边有插头，坐下来充电吃饼干，我只能等着手机多充些电再走。过了 5 分钟，老板娘从拉门里出来，手里拎着一个袖珍手电筒，后面一位老大爷探出头来，问，大丈夫 Destu Ga（没问题吧）？一切就这么神奇。我紧紧地抱了她，说，您救了我！

有手电筒就不怕了，这是日本的一种轻型小电筒，放电池的。我早晨把头灯和备用电话都给了房东让她送到今晚的民宿，当时做梦也没想到一天有这么多波折，迷路，等船，需要夜跑。然而空海大师的这条路很神奇，在需要帮助的时候，总会有人出现。心怀感恩，迎着夕阳，开心地朝西沿着 279 县道继续前进。

大概跑了 4 公里，右转上国道 56 号。放心了，只要上了国道，就会有便利店，就能充电，吃喝。过新仁淀川大桥，桥下就是有名的 Niyodo River 仁淀川了吧？仁淀川被认为是日本最美的河，河上的下沉桥拍过电影。入海口的河口大桥是高知龙马马拉松折返点。这座新桥很高很大，也很繁忙。天黑了，看不清水的颜色。

下桥左转朝西北方向，两边开始繁华起来，大概是土佐市吧？各种连锁店。56 号国道也变得很宽。56 公里多横过马路，在对面的 7-11 坐下来，买了吃的，喝的，趁机给手机充电。离民宿只有 3 公里了，那里好像不管晚饭，还是先吃点儿东西垫垫。

吃完，又横过马路，在 56 号国道右侧继续前行。路边看到 Mos Burger，香港的曲艺中心地下也有一家。走了不到 1 公里，左转，从 56 号国道下来，走上漆黑的小路，要上山了。

上山的路很黑，周围似乎有些房子。亏了有手电筒，能看见路。一路有去 35 番清泷寺的标志，民宿离 35 番还有几百米。

一直上坡，反而越走越精神。8 点来钟，到了 Henro House 温古社 Onkosha，59.43 公里，13 小时 17 分 15 秒，累计爬升 626 米，又是超长的一天。已经累计 396.84 公里了，才 8 天，平均每天 49.6 公里，第一周的运动量不小。

这个地方还真是隶属土佐町，早已离开高知市了。

一进门，是个巨大无比的榻榻米空间，有位中年女子坐在炕桌前抽烟，看我进来，示意我填表，她收钱，素泊，3500 日元。我看到自己的两个包远远地在角落里，放心了。她问我能否照张相，我说可以，她拍了我一张，估计发给水仙的老板娘，说我到了。

这一天，太难了。

我有些发抖，流着鼻涕。很冷，全身都湿的，鞋也湿的。老板娘加藤女士太温暖了，她做了吃的，告诉我冰箱里有 Welcome Drink，指点我泡澡洗衣服。一通折腾，终于舒服了，吃饱了。

房间好大，要从厨房上去，她的客厅塌塌米是我目前为止见过最大的，得有 80 平米。

房子旁边还有一个房子，估计她晚上住那边，这边是客人住的。

我隔壁住一位台湾老太太，没怎么讲话，太累了，半夜睡得还好，就是上厕所要走很远，下来经过厨房，绕过大客厅的榻榻米，客厅中间还有一个大坑。一到老板娘就说要小心这个大坑，是冬季用来烧火取暖的？

今天 32 番到 33 番跑出水路，有些诧异。后来才知道原来有浦户大桥可以走，我提前没做功课。不过走大桥的遍路人都说桥上车来车往，太危险太不舒服，还是应该走水路。太幸运了，稀里糊涂，傻人有傻福，居然闯过险象丛生的一天，一切都是最好的安排。

一夜翻来覆去，不过也休息得不错。这些天，只要不动，就是休息，身体疲惫，站着都可以睡着。

经历了栉风沐雨的一天，有惊无险，对雨天有了更多的信心。觉得路上没有问题，可以完赛了。

Day 9 |4月8日   晴
睡得最好的一晚

两座庙：35 番医王山镜池院清泷寺–36 番独钴山伊舍那院青龙寺

计划 76.1 公里

朝阳升起，又是美好的一天。昨天亏了 34 番对面店里老板娘给的蓝色轻型手电筒，得以顺利到达。早晨把手电筒送给加藤女士，我要赶路，不能加重。住在山里的加藤，手电筒总是有用。从今以后，50 公里我会带头灯，吃一堑长一智。

加藤做了早饭，很丰盛，大家海阔天空聊了聊。

6 点 53 分出发，恋恋不舍和加藤女士告别。短暂的相遇，产生了浓厚的感情，她挥着手目送我上山，直到彼此看不见。

35 番清泷寺和 36 番青龙寺，两个寺的中文名称听起来一样，但日文 35 番清泷寺（きよたきじ Kiyoyakiji）和 36 番青龙寺（しょうりゅうじ Shoryuji）完全不同。36 番青龙寺与长安的那座同名，是空海纪念他的师父惠果而修建的，据说还埋了惠果的部分骨灰。

　　Onkosha 温古社离 35 番只有 513 米，顶着门到了 35 番医王山镜池院清泷寺。这个庙的名字有些不好读，原来以为叫清庵寺，后来看了各种资料和日文，还是要叫清泷寺，带着三点水。跟 36 番听起来一样，但写法不同。庙在山上，叫医王山，本尊也是药师佛。

　　时间还早，本堂大师堂走一圈儿，朝阳普照，第一个来纳经。纳经所的和尚指着远处山下的大路告诉我要怎样怎样走，到こうさてん交差点十字路口怎么转，然后给了一张图，原来不需要折返。

　　沿着山的另一面下去，顺着山路，去 36 番青龙寺。可以看到海了，路上各种标语口号鼓励遍路人，一天最大的享受就是走山路。

　　今天到 37 番岩本寺有 70 公里，因为寺庙要求晚上 7 点必须入住，如果来不及，打算下午赶到 Awa Station 安和站坐 4 点 50 分的火车去 37 番，到安和站大概 46 公里，明天再回去跑完剩下的。

　　4 公里，左转返回国道 56 号，补了昨晚天黑过来的课，路上的风景熟悉一遍，果然是土佐市了。不到 6 公里右转上 39 号县道，一路朝南。快到 12 公里右转上县道 23 号沿着海边走。

　　36 番在一个岛上，路过三阳庄，是个泡温泉住宿的地方，可惜没时间去泡了。去 37 番还要从岛上折返出来。

　　11 公里，离 36 番还有 5 公里，要过桥。没什么人，一路大多是老人，小孩很少。小学校基本关了。一直沿着县道 23 号挪动，要到宇佐了。

　　12 公里的样子上宇佐大桥前有个 FamilyMart，进去上厕所，坐下来吃点东西，给手机充了会儿电。昨天连充电宝都用完了，今天要小心。吃完东西有些上头，血糖上来了，赶紧挪动燃糖。早晨起来有些疲惫，已经 410 公里了，身体一直在剧烈调整。

　　出门拐上 47 号县道上土佐大桥，海天一色，蔚为壮观。桥上走着，听到背后有脚步声，很奇怪，这一路能从背后超过我的人还没看到。说时迟那时快，一位穿着裤衩背心儿的老头夹着腿竞走，赶上我，又超过去。我跑了几步，发现他走的比我跑的快，一直保持一定距离。不一会儿，他过桥右转下去了。

土佐大桥很美，山海壮丽，路过高知大学海洋生物教育研究院。过桥直行就上了小路，安静许多，感觉眼前一亮，进了桃花源。空海大师原来选了这么僻静的地方怀念师父。

10 点 40 分，16.16 公里，到了 36 番独钴山伊舍那院青龙寺的山门，一个人都没有。本堂要爬好高的台阶，大师堂也高。如果对进庙爬升高度排名，36 番能排进前 10 名。这里是空海大师为了纪念他的师父长安青龙寺住持惠果而建，本尊不动明王，被视为大日如来忿怒相的化身。据说日本很多温泉都供奉不动明王。

坊间传说空海大师与年纪相仿，李白过世后 10 年出生的唐代另一位大诗人白居易（772-846）相熟，白居易写过一首《青龙寺早夏》：尘埃经小雨，地高倚长坡。日西寺门外，景气含清和。闲有老僧立，静无凡客过。残莺意思尽，新叶阴凉多。春去来几日，夏云忽嵯峨。朝朝感时节，年鬓暗蹉跎。胡为恋朝市，不去归烟萝。青山寸步地，自问心如何。眼前此青龙寺的观感早已写入诗人的意境中，我成了那个寂静路过的凡客……

世界上的事情有千丝万缕的瓜葛，可能多少年前某些人的举动，仍然影响今天的我们。如今走在四国遍路上的我就是个活生生的例子，这跟日本 7 世纪开始照搬照抄大唐的"全盘西化"脱不开关系。

世界头号强国是啥感觉？盛唐就是例子，当时长安是如今纽约伦敦巴黎东京加在一起也自叹不如的存在。政治，经济，文化，艺术，宗教等文明程度，吸引全世界的神人来朝，吸取唐文化营养，货真价实软实力与硬实力叠加的世界头牌。

日本在 7 世纪到 9 世纪的 200 多年间，曾经"疯狂""全盘西化"过，这里的"西"，就是西面的唐朝。当时日本社会生活的方方面面，从语言文字到政治制度到建筑风格到生活方式，全面照抄大唐，如今想"穿越"盛唐，日本还保留了遗风，可以窥见些许。而四国的庙宇，则是唐文化的最好写真，这一路的寺庙打卡，淳朴民风，已经感受到浓浓的盛唐味道。

公元 630 年，舒明天皇派出了第 1 次遣唐使，唐朝存在于 618-907 年，从 630-895 年，奈良时代和平安时代的日本朝廷共派遣了 19 次遣唐使，据说 19 次遣唐只有 8 次顺利到达，11 次则是船毁人亡。如此高风险的遣唐之路，仍然前赴后继，可见当时的唐朝多有吸引力！无法想象中国历史上曾经达到过那样的巅峰时刻。

在遍路上，不少庙宇第一眼，恍惚间会觉得穿越大唐。

日本政府不断派人到唐朝学习，每次派出的使团人数众多，有时多达 500 人。唐朝的律令制度、文化艺术、科学技术以及风俗习惯，通过这些人带回日本，对日本的社会生活产生了巨大影响。

空海大师 804 年随第 17 次遣唐使入唐，拜惠果为师。惠果的谐音是"回国"，他临终前也一再嘱咐空海速速回国，可谓冥冥之中。传说 806 年回国前，空海把一个独钴杵投向东方，落点就在青龙寺奥之院所在山头的一棵老松树上，因此建寺，取名独钴山。

空海大师回来创立了真言宗，带回更多佛教，建筑，艺术，文化等方面内容，在日本包括四国岛复制，将盛唐信息雪藏东隅，才有了四国遍路 1200 年的朝拜传统。所以走在遍路上，犹如梦回大唐的恍惚。

2017 年 16 天跑完西班牙法国之路 800 公里的我，知道了四国遍路的存在，心里便播下了种子，于是一环套一环，给予我走遍四国跑遍遍路的理由，决心和行动。谁能说，不是 630 年舒明天皇的第一次遣唐，导致 2023 年的我跑遍四国呢？谁又能说，不是 805 年惠果大师灌顶那位法号遍照金刚的东土留学僧，引导现在的我来到早已在会昌法难中灰飞烟灭的青龙寺前呢？

朝着青龙寺的山门再鞠一躬，去 37 番。

这里离 37 番有 56.5 公里，还要原路沿着土佐大桥折返。熟门熟路，趁着小路安静，边走边录音录像 20 多分钟，补了昨晚的视频。路上没精力码字，每天晚上努力录制 20-30 分钟视频作为资料保存，很不容易坚持。

义操与空海为同门师兄弟，也是挚友。空海返日前曾作诗《留别青龙寺义操阿阇梨》"同法同门喜遇深，随空白雾忽归岑。一生一别难再见，非梦思中数数寻。"

惠果门下在中国的传承以义操一脉最盛，他也是三朝国师。当时接受义操灌顶的人非常多，青龙寺同学僧义真接受其金刚、胎藏两部灌顶，法润、法全接受其金刚界灌顶。法全将两部大法传授给遣唐僧圆仁和圆珍，圆仁也曾面见义操、义真、法润等人。而圆仁（794-864）是最澄的徒弟，天台宗第三祖，谥号慈觉大师。

《入唐求法巡礼行记》是圆仁作为请益僧随第 19 次遣唐使入唐用中文写作的一部日记体游记，记录了唐武宗会昌灭佛的有关情况，并对 9 世纪的晚唐进行了详尽描述，具有很高的史料价值。与玄奘的《大唐西域记》和意大利马可波罗的《东方见闻录》并称为世界三大游记。

圆珍（814-891）是空海妹妹的儿子，大师的外甥，天台宗僧侣，天台寺门宗的宗祖，谥号智证大师。圆珍的老师是义真（781-833），义真自幼出家，学习汉语，师从最澄，804 年作为还学僧与老师一起赴唐，后接受义操灌顶。最澄圆寂后，义真成为天台宗第一代座主，应该是天台宗二祖，谥号修禅大师。

要了解空海，必须得了解同时代另外一位高僧最澄，他们之间的因缘纠缠源远流长。

最澄（767-822）12 岁在近江国分寺出家，师从行表和尚，14 岁受戒，19 岁（785年）在奈良东大寺受具足戒。同年 7 月，登比叡山修行，通读大藏经。797 年，30 岁被任命为内供奉十禅师之一。804 年遣唐，两年后回国创立天台宗，与空海演绎出各种故事。

812 年（弘仁 3 年），最澄拜空海为金刚上师，这件事轰动了当时日本佛教界，因为最澄比空海年长 7 岁，出道早，成名也早。

804 年空海乘船西渡去唐朝时，最澄在另一条船上。两人虽然同时跟随第 17 次遣唐使入唐，最澄作为一代宗师，是天皇派去考察；而空海则是 20 年不得回国的留学僧。

空海对最澄十分尊敬，知道他从小出家，19 岁就在比叡山建造草舍，研修《法华玄义》等大乘经典，奠定了日本天台宗的基础。22 岁成立一乘止观院，备受桓武天皇敬重。

最澄成立一乘止观院时，空海才 15 岁，佛法还没入门。最澄 30 岁登上内供奉十禅师的宝座时，空海 23 岁刚出家，和位高权重名声远扬的最澄无法相提并论。

最澄入唐的任务和一般人不同，他是以宗教考察名义出国，所以短期内就可回国，与遣唐使同进退，是"镀金"之旅。而包括空海在内的其他人，则是一去故国 20 年的义无反顾。

804 年，拉开了两人十几年的交集。

十年河东，十年河西。8 年后，年长的最澄接受空海胎藏和金刚界灌顶，名义上空海成为老师。最澄和空海不同门派，一个显教，一个密教，一个天台宗，一个真言宗，能融合到一起吗？

最澄的虚心好学，可能一开始就是个错误。接受灌顶后不久，最澄想要真言宗阿闍梨（上师）灌顶，空海一口回绝，告诉最澄再修炼三年。最澄反问空海，您不是三个月惠果就传承衣钵了吗？空海答，去唐朝之前，他已经修密教 10 年，不仅仅三个月。说白了，空海觉得最澄对于密教只有理论，缺乏实修，还达不到上师的水平。

最澄等不了了，离开空海回比叡山。双方还保持联系，最澄常派弟子去借经典，空海也来者不拒。当最澄列出《理趣经》时，空海没答应。《理趣经》是"金刚顶经"的一种，由不空三藏翻译，内容跟欲望有关，可能有无上瑜伽部分，多不公开，由上师对弟子口传心授。空海怕没太多密法实修的最澄，读了《理趣经》被误导，写了一封长信，让他跳开经书，自己去参悟。

这件事让最澄很不爽。两人渐行渐远，除了借书，还有弟子之争。最澄留下得意弟子泰范跟随空海学法，谁曾想泰范竟要永久追随空海。当时真言宗的密教已经红遍日本，人往高处走，只能这样解释。这件事令最澄特别难堪，最澄拜空海为师外人看来已经委曲求全，而弟子的背叛，成为同时代两位大师分道扬镳的导火索。

有人的地方就有江湖，佛门似乎也不例外。

最澄大师公元 822 年（弘仁 23 年）圆寂，空海扼腕叹息巨星陨落……

快 20 公里左转上 23 号县道，继续朝西。

沿着海岸线，县道 23，折返，要去须崎。得到 40 公里才能从 23 号左转换 284，再右转换 56 号国道。

好晒。一路沿着太平洋，叫土佐湾。手已经特别黑了，尤其是左手。

走在海堤上，有些昏昏欲睡，路上没一个人。刚才一路也没吃的，看看 56 号国道边上有没有便利店。还剩下半袋 34 番对面店里买的饼干，水也没多少了。风大，要把手机吹走了。

路边有老黑巢牧场，都是黑马。路过卖西红柿和黄瓜的良心市，买了西红柿，好吃。

31 公里，终于看到 Yamazaki 山崎便利店，进去吃东西。当班大嫂在准备午饭，一盘一盘的。得知我是遍路人，她给了御接待 Osettai，切好的橙子。买了牛奶和豆腐，坐在角落里，吃得很好。

沿着海岸线一直走到快 34 公里，才进入内陆。风光无限。

下午 3 点 37 分，路过一个 Henro Hut 遍路小屋，边上有厕所。遍路小屋大多很简单，很多没有厕所也没有垃圾桶，对于我最有价值的两样东西。

40 公里一过，终于左转上 284 号县道，沿着 284 快到 41 公里，在须崎的一个 FamilyMart 吃了东西，又累又饿。出来右转上 56 号国道，继续。又走了 2-3 公里，看到道的站和 Lawson Susaki 须崎罗森店的标志，已经错过 4 点 50 Awa Station 安和站的火车，如果继续，晚上 7 点前肯定赶不到 37 番了。

　　想了想去道的站还是去 Lawson，决定过马路去 Lawson。进门买了喝的和吃的，上了厕所，纠结要不要继续，已经一个全马多了。县道国道都是公路，实在跑烦了，再跑 27 公里非疯掉不可。

　　身体很累，不想动了。

　　请女店员叫出租车，去 37 番岩本寺。她居然听懂了，对我说，Chotto Matte 等一下，去边上打了电话。不一会儿，回来跟我说，车 5 分钟就到。怕我听不懂，还用手比划了一下五。我特别感谢她，挥手再见。

　　在 Lawson 门口停表等出租，今天 43.68 公里，10 小时 16 分 55 秒，累计爬升 590 米。累计 440.62 公里了。

　　不一会儿，车到了，司机很有礼貌地请我上车，说辛苦了。车上座椅洁白，我都怕自己一身汗水的衣服把车内搞脏了。司机问 Iwamotoji （岩本寺）？我说是，今晚住那里。

　　右转上 56 号国道，出租风驰电掣。相比之下，人的脚力太慢了。刚才在 Lawson 门口拍了照片，又留下买东西的收据，上面有这里的地址，明天再打车回来跑回 37 番岩本寺。

　　车上看电邮，发现 37 番宿坊居然把我明天的预定取消了，说收到我的取消请求。马上回复，我没有取消！平静的心一下子激起波澜，看来修行还不够。

到了庙门口，司机转了一圈儿，问宿坊在哪里，才确定停下，车费 7000 来日元。下车，庙里有位大嫂出来接我，连声说辛苦了。

这里两天的住宿费早就信用卡支付了，前台和尚道歉，说搞错了，员工错误操作，把第二天的 7700 日元返回了我的信用卡，让我补交 7000 日元现金就好，免了 700 日元。

房间在二楼，日式，不大，但什么都有，窗外就是铁路。

休息一下，洗澡，泡汤，吃饭。

晚饭吃得不错，右边坐的是大村夫妇，两人笑容满面，大村太太庆祝 65 岁生日，喝着啤酒，很开心，原来在庙里过生日的大有人在。大家听说我明天过生日，一起举杯，我以茶代酒。

隔壁住着一个法国黑人女孩，叫 Aie，咳嗽得很厉害，不知阳没阳，她出门戴口罩，说准备花两个月时间走完遍路，但脚上起了好多泡。

一直想着是否取消 10 号入住的四万十之宿，因为有些绕道，纠结半天还是算了，嫌麻烦，别乱改计划。

好晚了上厕所，看见一个讲英文的女生和一个讲日文的男生坐在一楼楼梯上打电话，似乎女生请男生帮订民宿，庆幸自己订好了未来若干天的住宿。

想到在这里住两晚，人立刻放松下来。

坐在房间里打坐，想起李白的《静夜思》，真是千古好诗。据说 19 次遣唐以阿倍仲麻吕、吉备真备随行的第 8 次最为有名，主要是去的人牛，还真有认识李白的日本留学生。

阿倍仲麻吕（698-770）开元 5 年（717 年）19 岁入唐，取中文名晁衡，汉语超强。他在唐朝考中进士，相当于参加高考名列前茅。回国时，官居高位的大诗人王维（701-761）曾送他一首诗《送秘书晁监还日本国》：积水不可极，安知沧海东。九州何处远，万里若乘空。向国唯看日，归帆但信风。鳌身映天黑，鱼眼射波红。乡树扶桑外，主人孤岛中。别离方异域，音信若为通。

用了那么多篇幅，可谓情真意切。

谣传晁衡回国途中遇难，李白（701-762）写了首《哭晁卿衡》，看一看哥俩的感情：日本晁卿辞帝都，征帆一片绕蓬壶。明月不归沉碧海，白云愁色满苍梧。

　　直到 754 年 3 月，晁衡都音讯全无。经历海盗等各种磨难，晁衡和遣唐使藤原清河等 10 几人奇迹般生还，755 年 6 月辗转返回长安，赶上安禄山之乱。当时回日本已经很危险，他也就从此打消了回国的念头。

　　明天也就 30 公里，不用起早。想着这些不着边际的人物，不知不觉进入梦乡。晁蘅在空海出生前过世，他跟空海有什么关系吗？

　　晚上从 8 点一觉睡到早晨 5 点，是 10 天以来睡得最好的一天。

Day 10 |4月9日　　晴
丹麦语的生日快乐歌

37 番藤井山五智院岩本寺

本来计划休息

生日快乐！

一天一个超马，每天晚上都会手表手机充电宝充电，研究第二天的地图，爬升，补给，脑子里过一遍路线才睡。第二天一大早要打包，喝水，贴脚，准备出发。这样周而复始，成为常态。不需要准备这一系列的日子，反而不习惯了。

本来计划生日休息一天，昨天的临时叫停，今天应该 30 公里，鉴于这 9 天的狂奔，30 公里就是休息。东西放在宿坊，只背着空空的越野包，应该是最轻松的一天。

吃了早饭，让前台帮叫个 7 点 15 的出租，吃饭的时候，前台大嫂过来说出租要 7 点 40 才能到。

虽然还没正式跑到 37 番，饭后还是提前纳了经，万一呢？！这个庙好小啊，跟想象中一点儿也不一样。

出租 7 点 40 准时到，20 来分钟回到 Suzaki 须崎的 Lawson 便利店。

司机好能说，大概这单是比较大的生意，他很高兴，我在长长的隧道里担心，要跑这样的隧道，两边车这么快，死定了！到了，也是 7000 多日元。

在 Lawson 买了些吃的，看了地图，原来不走 55 号 Express Way 快速路，也就是刚才出租过来的路，放心了。

8 点 17 分，开跑。

轻松，生日终于可以跑起来了。

大晴天，身上没负担，久违了自由奔跑的感觉。一直在 56 号国道上，比较烦，拐上小路。天真好，越野自由跑，太幸福了，这就是我想要的生日。

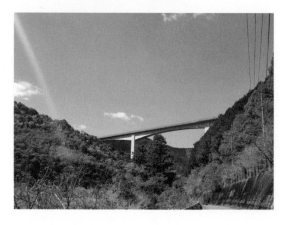

在山间穿梭，看到 56 号国道上的桥，架在两座山之间，好高，真有天堑变通途的感觉。

居然走到森林里，碰到两位女生，一位台湾来的，一位日本人，包很重，看着她们很累很吃力的样子，跑过鼓励一番。我要去七子峠，没带水，不过包轻，跑起来很快就到。

小路还挺陡的，要加把劲儿。

出了七子峠，碰到丹麦来的 Flemming，年长我一岁，高高瘦瘦的，很精神。两人边走边聊，我告诉他自己的里程，他惊异到了，停下来给我唱了生日快乐，丹麦语的。还送了我一面丹麦国旗的徽章。

超开心，好特别的生日礼物。

大太阳，跟 Flemming 告别，他黝黑的面庞露出微笑，保重，朋友。

一路跑着，自在，喜乐，天特别好，心情也特别晴朗。这一刻，人生的 53 年，都浓缩在这个美好的当下。

还有 2-3 公里，快到大窪川了，如果坐火车，就坐到大窪川站。前面有老夫妻徒步遍路人，超过打了招呼，他们一定特别激动，经过漫长的考验，快到 37 番了。

路过道的站，没忍住，还是买了西红柿，黄瓜，黑豆，还有两个小 muffin 松饼，当生日蛋糕，吃了些东西。

道的站，みちのえき Michinoeki，公路驿站，是日本一大特色，跟任何国家的都不同。不止在高速边，一般路边也有，遍布全国，全年营业，早晨 9 点开到下午 5 点，里面卖当地特产，有热食，有旅游信息，有厕所，停车场，有的甚至还有温泉。1962 年北海道旭川设立了第一家公路休息站，卖吃的喝的，成为道的站的雏形。目前全日本有 1100 多家道的站，既是开车人的休息站，也是徒步人的避风港。遍路上如果遇到道的站，是便利店的升级版，一定得进去享受一下。

离 37 番还有几百米，看到一个鞋店，回头到这里买双鞋，这个念头一闪而过。

路上很安静，大家似乎都在午睡。小街道边有个松竹餐馆，看着好像不开。在庙门口的水果店，买了草莓。

1 点 33 分，31.25 公里，5 小时 16 分，累计爬升 522 米，轻松回来，正式到达 37 番藤井山五智院岩本寺。累计 471.77 公里了。

放下东西，又回到那个鞋店，买了一双白鞋，店主说防水。不放心，又买了一双鞋垫。Zero 粉鞋已经残次，至少下雨肯定漏，不过垫上鞋垫还能将就。

跟前台的大嫂要了针线和胶，粘鞋，缝越野包，缝腰包，红色的线，针脚还不错。人没事，装备跑崩了。

宿坊下午 4 点才准入住，我现在是唯一的客人，享受了两个多小时的安静。

很累，鞋坏了，脚也痛，右脚足底和左脚脚后跟都痛，生日可以休息就是最好的礼物，身体太需要休息了。

楼下是纳经卖东西的地方，进来的观光客要脱鞋换鞋，才能上厕所。下午看到一大群香港游客，他们进来就是买东西，照相，导游广东话说着下面的行程。客从故乡来，尘世的生活既遥远又陌生。

住在庙里，饮食按点儿，生活简单，仿佛出家。

现代人如何出家？有儿有女，有房无车，有社交网络，怎样舍弃这一切？至少模仿一下？发现四国遍路是最好的暂时出家。

人特别贪婪，抓住世间万物不放，小到袜子手套，大到爱人子女金钱名利。四国遍路让我尝试暂时舍弃人世间这一切以后的轻松自在，虽然身体会疼会痛，但心灵是通透舒畅的。

由此想到旅行，大多数人都可以在旅行中放松身心，因为无法携带各种累赘，旅行是舍的过程。只要敢于舍，学会放下，就会轻松安宁。

刚住下，又想把 10 号的高大上四万十之宿取消，因为那个地方偏离了遍路道。不过太累，不了了之。定了就是合理的，不要乱改了，我现在是多一事不如少一事的心态，不想节外生枝，自找麻烦。亏了没改，四万十之宿彻底改变了我的三观。

晚上吃饭碰到法国人 Jean，坐车的遍路人，后来某天在去某个庙的路上看见他在对面的 Henro Hut 遍路小屋里休息，两人招手。短暂的相遇。

饭后跟孩子们视频，唱生日快乐，一起隔空吃蛋糕，我吃了白天在道的站买的 Muffin 松饼。感谢家人支持，给予我时间空间暂时"出家"苦修，用 50 多年的积攒，踏上这条充满不确定的旅程。然而内心是积极向上，充满好奇，充满希望的。53 岁，还可以这样朝气蓬勃，无知无畏，意料之外。

住在庙里，居然没有出门转悠。这个庙跟我想向的一点也不一样，原以为在山上，周围不是市井。不过，37 番很有艺术气息，连宿坊里的客房都有各种图画。1978 年重建时，在全国征集了 575 幅流行画 Popart，镶嵌在本堂的天花板上，成为一大特色。

在四国 88 所中，37 番岩本寺是唯一有五位本尊的庙：不动明王，观世音菩萨，阿弥陀佛，药师佛和地藏菩萨，一锅烩的节奏，属真言宗智山派。天平年间（729-749），行基菩萨在此寺西北方的高冈神社开基立寺。之后，空海大师云游至此，将这里一分为五，供奉五佛。1872 年受 1868 年的"神佛分离令"影响，五寺合并为一寺，也就解释了为何本尊有五位。

一路都是空海大师的影响力，那么他到唐朝取经，到底取的是啥？

唐三藏，唐僧是我们耳熟能详的求法大师，西天取经，取的又是啥？

在没有电子产品，没有互联网，交通靠走，通讯靠吼的年代，信息是稀有物品。如今，手指一动，就可以网上看到佛经，佛祖的言传，各种语言版本。然而在当时，想了解更多，一定得去当地，当时西天是天竺，佛祖诞生开悟传法和涅槃的地方；密宗在中土大唐，路途遥远艰险，所以才演绎出那么多故事。

"经"是佛陀亲口所述，由其弟子记录成文的教诲，"律"是佛陀为其弟子制定的戒条，"论"是佛陀弟子学习佛经的心得。三者是有区别的，取经取来的，可能不是经，而是律或论，不过经有时也真假难辨。

晋代法显（337-422）是西行求法的先驱，他看到当时戒律缺失，公元 399 年，62 岁高龄西行，412 年回国，历尽艰难险阻，中国史上一带一路第一人。法显求到的，大多是"律"。

唐代求法更盛，代表人物玄奘，义净等。玄奘（602-664）西行求法，往返 17 年，旅程 25000 公里，去了"百有三十八国"，货真价实的旅行家和探险家。玄奘到摩揭陀国王舍城后，师承那烂陀寺住持戒贤。求到的，含括了经律论，他本人也成为精通经律论三藏的法师，所以被尊为三藏。

两位高僧求法过程的描述，如今也弥足珍贵。法显的《佛国记》和玄奘的《大唐西域记》为中国印度斯里兰卡等周边国家留下了珍贵的史料，也为后人提供了难得的求法路线图。1896 年，德国考古学家 Alois Anton Führer 和尼泊尔将军 Khadga Shumsher Jung Bahadur 根据这两本书的线索，找到阿育王的石柱，上面刻着"天爱善见王即位二十年，因释迦牟尼佛诞生是地，亲来敬礼。王命刻石，上作一马。是为世尊诞生地，故免蓝毗尼村一切租税，以示惠泽"，确定蓝毗尼为佛陀的诞生地。

义净（635-713）是法显和玄奘的粉丝，7 岁出家，15 岁萌生西行念头，36 岁从海路出发，历经 15 年，在那烂陀寺就停留了 11 年。这些历史上的高僧，旅行家，探险家都是户外高手，野外生存达人。

义净的《大唐西域求法高僧传》，以僧传的形式记述了从玄奘回国后的 645 年到武后天授二年（公元 691 年）46 年间，57 位僧人包括义净本人，也包括今属朝鲜的新罗、高丽，今属越南的交州、爱州等地僧人到南海和印度的求法事迹。另著《南海寄归内法传》，是义净在那烂陀寺留学后回到广州取得纸墨笔，又重返南海室利佛逝（今苏门答腊）所作，记载了 40 条佛教仪轨和途径各国的风土人情等。

《高僧传》对尼婆罗（今尼泊尔）多有记载，而《南海寄归内法传》对海路多有记载。由于玄奘的《大唐西域记》记载了陆路的所见所闻，法显的《佛国记》详于陆路而略于海路，因此义净的记述，就成为南海各地最早的历史地理资料，为各国研究该地区历史、地理和外交的学者所倚重。书中记载了许多印度的珍贵史料，对医学描述颇多。

公元 695 年，义净大师 61 岁，携梵本近 400 部，金刚座真容一铺，舍利 300 粒回到东都洛阳，武则天亲迎于上东门外。

义净大师自印度归国后，致力于佛经翻译抄译，所译佛经经典计 61 部，230 卷，功绩卓著，多次受到唐王朝的褒奖。公元 703 年，他在东都洛阳福先寺译出《金光明最胜王经》等多部佛经后，武则天特制《大周新翻三藏圣教序》放在经首；公元 705 年，义净大师译出《孔雀王经》等后，唐中宗又为其亲制《大唐中兴三藏圣教序》。

由此可见，义净大师取回的也应该是经律论三藏。

本来想让宿坊帮运包裹，但没有说出来，懒得下楼去前台，这点力气都没有。在岩本寺的两个晚上就是休息，身体太累了，连去庙里走走的精力都没有。原来想着听晨钟暮鼓，在庙里细细品味 53 岁的人生，然而基本是在混混沌沌昏昏欲睡中度过。

那空海唐朝取的也是经律论三藏吗？

原定生日这一天休息，没有里程，犒劳自己。正是因为这样一个弹性安排，可以把昨天 70 多公里的超长日化简为两个超短日，让身体得以休息，没一下子透支。在 37 番休整，缝补包裹，腰包，为未来 17 天完赛打下非常好的基础。

人生的一念之差往往会改变走向。出发前，在庙里庆祝生日的想法应该是最值得圈点的，没有这两天岩本寺的弹性安排，能否完赛真不好说，身体可能就崩溃了？！

两天住同一个地方，让身心彻底放松，前 10 天积攒的各种痛和累，慢慢退去。也终于有信心，可以完赛了。

除了感恩还是感恩。

Day 11 ｜4 月 10 日　晴

300 日元御接待 Osettai

没庙

计划 50.9 公里

今天没庙，没吃早饭就出发了。37 番和 38 番之间有 86.2 公里，一天是到不了的。高知是修行的道场，庙与庙之间的距离，就是修行的法门。

过完生日，还想继续庆祝，于是 3 月 10 日，在 3 月 8 日定了岩本寺生日住宿的两天后，定了四万十之宿，26400 日元一晚，包括早晚饭和温泉，是此行第二贵的住宿。第一贵的是 2 月 9 日就订了的高野山惠光院，只订到 5 月 1-2 日两晚，后来才知道原来 4 月 29 日起就是日本的黄金周，直到 5 月 5 日。黄金周有四个节日：昭和日 Shōwa Day 4 月 29 日，宪法日 Constitution Day 5 月 3 日，自然日 Greenery Day 5 月 4 日，以及儿童节 Children's Day 5 月 5 日。 难怪 4 月底到 5 月初那么难订，而高野山又是世界文化遗产，每年有 140-50 万游客，订到住宿很不容易，何况黄金周？

想象中，四万十之宿一定很高大上，在海边的一个公园里。

37 番已经属于四万十町，只不过在郊外。庙里 7 点的早饭没吃，早晨 5 点 14 分就出发了。有时，早饭不吃就不吃了，虽然交了钱。一大早出发的好处就是天凉快，到早晨 7 点，感觉跑出来的 10 来公里都是白挣出来的，一天一下子从超马缩短为全马。

因为没庙，就按照 Google 导航的路线，沿着海岸线，海边很漂亮。

不到 1 公里就上了国道 56 号，沿着国道 56 号大致朝西南方向走，38 番在足褶岬，四国的最西南端。大方向不能错。

7 点 21 分，11 公里多，看到一个遍路小屋，38 番还很远。这一路的遍路小屋估计是很多遍路人夜宿的地方，一路的住宿不多。

20 公里的样子，在黑潮町佐贺的 Lawson 停下来，早晨第一次补给，基本习惯了起来先来一个半马，再吃东西说别的，跟跑族 800 一个节奏。

过了一个 600 多米的隧道，21 公里有道的站，忍不住诱惑，进去坐下来吃了乌冬，就当作长寿面吧，上午九点半。前面 20 几公里没补给，这两公里之内补给两次。反正庆生，看到乌冬面当然得停下来补一下。

23 公里，海边出现了鹿岛，离岸边不远，上面有神社。不知为何，想起韦小宝。不一会儿海边又看到土佐西南大规模公园的标志，还有一定距离才到。

11 点 10 分，看到海边的水稻田，黄蓝交错。28 公里经过滩公园，停下来上厕所。一路仍然沿着海边。

亏得出来早，不然太热了。沿着土佐湾，太平洋，一路朝西。无穷无尽，56 号国道，都麻木了。鞋特别不舒服，今天一开始穿着 37 番岩本寺门口买的白鞋，新鞋不舒服，脚太疼了，又换上粉色 Zero，白鞋只能背着，还挺沉，又是一个没用的物件，得处理掉。

不少房子荒废了，没人，很干净，老龄化就是这样的情景。倒是时不时看见做墓碑的，死的比生的多。绝美的自然风景，没有人来欣赏了，不觉有些凄美。

想起国内的一胎到三胎，人口负增长的未来就是四国岛南部的寂寞和凄凉。

看到 Hata Surf Dojo 冲浪会馆，这一路应该是冲浪爱好者的天堂。

26 公里白浜海岸。是冲浪看海的地方。

沿着太平洋 56 号公路，没完没了，在国道上跑久了，人不免无聊，脑子里又开始做白日梦。

空海大师唐朝取经跟法显，玄奘，义净有什么关系吗？

话说有来就有往，有去西天取经的，就有来中土传法的。几乎与玄奘，义净同一时期，有三位印度斯里兰卡僧人来到唐朝，传入密宗。

善无畏（637-735），东印度乌荼国王，唐密开山祖师。出生于东印度乌荼国（今 Orissa），刹帝利种姓，据说是佛祖的叔父甘露饭王的后裔。善无畏传授以胎藏界为主的密法，为中国密教正式传授之始，也尊为汉地密教初祖。

金刚智（669-741 年），南天竺摩赖耶（今印度马拉巴尔海岸一带）人，国王伊舍那鞞摩（Isana-varma）的第三子。自幼出家，先习经律，专于密教。受戒于那烂陀寺，师从龙智上人。开元初年（719 年），来到洛阳，先后译出《金刚顶瑜珈中略出念诵经》，《佛说七俱胝佛母准提大明陀罗尼经》等，并在所住寺院内建佛坛灌顶道场，广收门徒，知名弟子有不空等人。开元二十九年　（742 年）圆寂，追赠"国师"。唐代宗时期，赠号"大弘教三藏"。

不空三藏（705-774），不空智，唐玄宗赐号"大唐智藏"，封特进试鸿胪卿。寂灭后，追封肃国公、司空，成为"冠绝千古，首出僧伦"的一代密教祖师。他 14 岁遇金刚智三藏，接受所有密法；后去狮子国遇普贤阿阇黎，蒙授密法。不空三藏自狮子国请回大量的密教经典，并进行翻译，令密教渐行于中土。不空三藏是狮子国（今斯里兰卡）人，但幼年就到中国，比金刚智和善无畏更了解中国。除译经外，他也在宫廷内外弘法，并走出长安洛阳去全国各地，在五台山等地建密教寺院。佛教史家称不空为密教三大创始人之一，而僧传则列善无畏为密教的创祖，金刚智为始祖，不空为二祖。

唐密以善无畏，金刚智，不空开元三大士为开宗者，其中不空的弟子最多，影响力也最大。

不空著名徒子徒孙有金阁寺含光，新罗慧超，青龙寺惠果，崇福寺慧朗，保寿寺元皎、觉超，统称"六哲"。惠果继承其衣钵，为唐密七祖。惠果曾任代宗、德宗、顺宗三代"国师"。其弟子有爪哇僧辩弘、日僧空海等。

原来是这样一个传承，空海大师取来的是密教经典。

早晨温度也就 7 度，白天 20 多度。温差很大。鞋太热了，要有凉鞋就好了。

一路没人，好多房子看着好久没人打理了，只能想象当年人丁兴旺时的繁忙。

28 公里，在 56 号国道边的挂川章鱼烧坐下来，喝了水，要了一大盒，后来大部分都没吃。进去主要为了喝水，店主给了我一大壶冰水，太受用了。这个小店很不起眼。老板是位胖胖的中年人，沉默寡言，专心干活。店里就我一人，期间进来一个中年男子似乎来取外卖。吃完，在出门不远的小公园上了公厕，看到有位遍路人坐在那里休息，真想告诉他去吃章鱼烧，还是忍住了。人家不进店有不进店的理由，很多遍路人都是省吃俭用的。

35 公里，无边无际，好无聊，看顶了。有个老太太推着自行车在路边走，驼背，我路过跟她打个招呼就超过了。下坡，她骑着车从后面追上来，给了我 300 日元御接待 Oseitai，叫我自己买些喝的，边上就是个饮料售卖机。我除了感谢都不知说什么好，这年头还有人给我钱？买了瓶水以示感谢。老太太骑着车扬长而去，我突然想起来，应该给她一张纳札，哎，怎么忘了？下次包里得放几个备用的。

一点半从 56 号国道左转下来，到了海边公园，叫土佐西南大规模公园，还有 11-2 公里才到住宿。好大的公园，树多，不晒，很舒服。恢复恢复，脚不是很舒服，要整个凉鞋。这个念头一天都萦绕在脑海里，干脆通知孩子爸，把我的越野凉鞋寄到 4 月 14 日入住的第一商业酒店松屋，他说怕收不到啊，我说，那你想办法。

公园还连着居民区，一会儿空旷，一会儿有小街道。路边亭子里看到一位休息的日本男生，穿着白色遍路服，长得挺帅，两人对视微笑一下。边上有两辆车在播放特别响的音乐，没看见人。这里莫不是露营所在？

住宿在海边尖尖角，离开遍路 1.9 公里，今天只碰到这一位遍路人。

慢慢走，恢复恢复。

青龙寺惠果的师爷不空三藏 774 年圆寂，而空海就是那一年诞生，据说怀胎 12 个月，出生手掌合十。他从小聪明伶俐，喜欢寺庙。父母希望他光宗耀祖，而小贵物却有着不一样的想法。

贵物的父亲佐伯直田是当地贵族，武士家族，代代守护皇室，建功立业。

贵物之所以能成为空海，应该得益于母亲。母亲阿刀玉依家族不但有人在朝廷做大官，还经营矿业，也有人遁入空门。所以空海的建筑挖井能力以及佛性可能与母亲的家传有关。奈良时代僧人玄昉（？-746 年）和平安时代（794-1192）的僧正善珠（723-797），都是阿刀氏一族，据野史，善珠可能是玄昉的儿子，可他 723 年出生时，玄昉正在唐朝留学，时间不对。

玄昉俗姓阿刀氏，大和（今奈良县）人。出家后师从龙门寺义渊学唯识学。717 年与吉备真备、阿倍仲麻吕随第 8 次遣唐使入唐，师从智周（668-723）学法相宗。留学 20 年，受唐玄宗赐紫袈裟、准三品职。与橘诸兄（684-757）、吉备真备（695-775）一起活跃于当时的政界，被尊为法相宗"第四传"。

佐伯真鱼年少彷徨时获赠一本《金刚顶虚空藏求闻持法》，对密教产生兴趣，去 21 番的舍心岳，石锤山和 24 番附近的御厨人窟苦修，不断精进。空海入唐前又读到《大日经》，《大日经》是密教最主要的经典之一，善无畏和一行禅师翻译，733 年由玄昉带回日本。在那个年代，知识既是力量，也是权力。

知识改变命运。

下午三点半，47 公里，沿着县道 42 号，看到一个公园里的厕所，用一下，镜子里照了照，形销骨立，至少瘦了 3 公斤，图啥？

还有 3 公里，沿着海岸线土佐湾。往西南方向前行，一会儿上坡一会儿下坡，还挺累的。高大上的地方，有遛狗的本地人。

快 49.64 公里了，很美，看到酒店的标志。顺着路标，49.72 公里，10 小时 45 分 50 秒到达四万十之宿，累计爬升 472 米，应该是四国遍路唯一一天实际里程比计划里程少的，少了 1.26 公里。看来 50 公里怎么着也得 10 小时，真不容易。11 天累计 521.49 公里了。

住的地方在一个园林里，远远望去很有禅意。我的房间叫木立 11，进去有个玄关，里面有浴缸，还有阳台，阳台外就是森林。

还是泡酒店的大池子，温泉很好，对外开放，各种大小风吕，冷热，不同的药泉。

先泡澡后吃饭。晚饭丰盛，看到早先在亭子里休息的遍路男生也在吃饭，原来他也住这儿。这里连吃带住 26400 日元，是遍路上比较高大上的地方。四国比日本其它地方便宜很多，赛后去了北海道，才发现，原来一晚 30000 日元都是不包吃喝的。四国人民太淳朴热情了，一路被御接待 Osettai，好吃好喝好招待，太感谢了。

吃的真心高大上，一道连着一道，餐厅晚饭后还送了一个超大果盘，庆祝生日。

晚饭前看到套餐里的一小盅红色液体，我提高警惕，问服务生，这是什么？答梅酒。我说我不喝酒。Watashi wa aosakei ao naomi ma sen! 大概遍路上有相当一部分人持五戒，服务生马上告诉我，有不含酒精的酒。居然？！要了一杯不含酒精的 Chardonnay 霞多丽，遍路上也仅此一次看到 non alcoholic wine 无酒精葡萄酒。

持五戒，是不少遍路人的选择。很多人在第一番灵山寺都会下定决心，一路持戒。我五戒已经持很久了，很自然，成为日常生活的一部分，不需要特别努力就能做到。

哪五戒？不杀生，不偷盗，不妄语，不淫邪，不饮酒。路上不伤蝼蚁命，基本没人，路不拾遗，出言日本话，除了小时候听过的八嘎呀路别的脏话都不会说，想妄语也妄不出来。淫邪这事儿就更没条件了，每天累得半死，除了吃饭泡澡睡觉，什么心思都没了。

至于说不饮酒，还是要努力坚守的。寺庙里的宿坊有啤酒，清酒，但要单独付费，不会包括在套餐里，不会主动买，也不会误饮。然而有些"高大上"的住宿在繁复的套餐前菜里，都会有一小盅梅酒，比如四万十之宿，后来入住的汤之谷温泉。在这些民宿吃饭都把梅酒放在一边，怕伤了老板的心，饭后总是加一句在持五戒ごかい。高野山的惠光院是唯一一个没有酒肉的寺庙，著名的精进料理吃得很安心。

这里，因为前台英文好，说包裹可以运，但第二天的住宿可能收不到，第三天的肯定能到。于是开启了 Nimotz 荷物にもつ包裹运送的实验，白鞋还有一些暂时不用的衣物送到第三天以后的民宿 Shimaya 嶋屋，汉字民宿岛屋。

肩上一下子轻了不少。

好好休整。一天的亮点是老太太的 300 日元御接待 Osettai，礼轻情意重。当地人民如同击鼓传花一样接力支持遍路人，有这样的氛围和强大后盾，有什么理由不完赛呢？

Day 12 | 4 月 11 日 多云转晴转多云
N 年以来第一次喝咖啡

一座庙：38 番蹉跎山补陀洛院金刚福寺

计划 33 公里

今天就能到四国的天涯海角最最西南端足褶岬，高知修行的道场只剩下 38 番和 39 番两座庙了。

早晨把昨晚剩下的果盘吃了，菠萝，葡萄，火龙果都很新鲜，苹果有些变色，没吃。现在也不怕升糖，每天这么大的运动量，多少卡路里都给烧了。

一大早 5 点 37 分出发，没吃早饭，前台给了一个 500 日元的卡，说可以去便利店吃东西，上面还有一个什么人的雕像。一位戴口罩的服务员 Shin 还追出来，加我脸书，说一定要去足褶岬，他最喜欢的地方。

朝北找到四万十川桥，4 公里。桥没想象的那么大，之前左转走错路又折返，好在没走多远。四万十川很宁静，也很美，说是日本最后的清流。我觉得四国的河都挺清澈的，原来清澈当中也分等级。6 点 40 分过了桥朝南，沿着四万十川前行，草地，河水，映照在被乌云遮住的朝阳中。

沿着 321 国道，朝土佐清水市前进，天晴了。321 国道连结四万十市和宿毛市，有 80 多公里，未来几天都得时不时上来。

7 点 24 分，路过一个休息场所，一张图把高知的庙又总结一遍，很全面。高知有 16 座庙，修行的道场，真是修行，每天跋山涉水。墙上的地图写着满愿，同行二人等字样。群众到了这里，离 38 番金刚福寺，四国的天涯海角，还有 32 公里，1–2 天的里程，我已经挪动 14 公里了，下午就到。

居然路上樱花盛开。难道南方的樱花比北方还持久？

路边的遍路标志旁，有坚持宪法九条的标语掩映在樱花中。安倍不是要修改宪法九条吗？日本宪法九条是和平条款，放弃发动战争的权利。看来四国人民爱好和平，反对战争。

7 点 54 分，过一个 1620 米的隧道，里面不晒，凉快。8 点 10 分出来，离 38 番还有 29.5 公里。12 天，各种各样的隧道，这条路当年的空海大师肯定没走过，因为有隧道的地方就得翻山越岭，他走的路更加艰辛。

8 点 15 分，在一个公厕前，遇到一位戴眼镜头发花白 60 来岁的遍路人，黑瘦黑瘦的，一身白，脖子上套着个黄色轮袈裟，只讲日语。Osadou，他说了名字，我只反应出大什么，Sadou 是哪个字？他指着自己的金刚杖，上面写着大里两个字，原来是"里"字。大里先生 3 月 25 号开始遍路，早我 6 天，很快，第 17 天就在去 39 番的路上，目前在我前面一天。两人交换了每天的行程，他是我遇到最快的徒步遍路人，后会有期。路上遇见来自世界各地的遍路人，当然最多的是日本人，中老年男性居多。日本女生独自走遍路的几乎没见到，倒是遇到不少欧美的年轻姑娘。

继续前行，陆续看到穿白衣的遍路人，原来到了 38 番，去 39 番还要折返。想象刚才过去的 1620 米下坡隧道，回来还得爬上去，心里暗暗盘算，我去 39 番得走一条新路。

Google 地图给的方向不对，刚才说要过桥走小路，但桥是断的，还是走 321 国道吧。 路上找路也要灵活，有时导航也会把人带沟里，31 番竹林寺就是教训。

路边的稻田很美，伴着远山，恍惚中仿佛走在故乡的田间小路上，真是鱼米之乡。吃米的国家，跟江南太象了。

沿着 321 国道，18 公里多有个 Lawson，进去吃了东西，太饿了，亏了走国道，找到便利店。看到便利店如同见到亲人，身体的不适和肚子的温饱都可以暂时解决了。高知的修行道场每天经常 20 多公里才有便利店，不光腿要修行，肚子也要修行，忍耐饥饿，亏了自己有吃素断食的经验，很能扛饿。我两两计较，哪怕一个饭团都不愿意背，重量与速度成反比，不得不严格限制。一路喝的倒是不缺，每隔几公里就会有饮料售卖机。

25 公里，到了足褶宇和海国立公园，10 点 40 分，天又阴起来。

路边种着农作物，除了水稻，第一次看到种的洋葱，原来地上的部分象葱，地下是果实。

12 天看到好多次良心市，刚见以为是城市名称。今天终于搞懂良心市是什么意思，原来就是自助卖吃的地方，我之前买的橙子，草莓，西红柿都是良心市的产物。水果，蔬菜包好，有标价，把硬币放进盒子，拿走货物就是。

路上到处是海啸避难所，11 点看到一个平地而起，高 16 米的钢筋建筑，2015 年 9 月建成，也是海啸避难的，光脚走走，放松放松。给孩子们拍了照片，让他们猜是什么东西。

还有 12 公里，特别困，特别想睡，每天到 12 点就困。

足褶岬，这个名字怪怪的。之前到室户，也有室户岬，岬是海角的意思。

12 点 50 了,还有 10 公里,这里是个鱼港,刚才路边有饮料售卖机,买了冰凉的咖啡,只是黑咖啡,无糖,喝了一些,**几年以来第一次喝咖啡。每天中午进入昏沉模式,需要提神。**

12 天,身体异常疲劳,每天中午都想睡觉,跟西班牙 800 朝圣快 700 公里时的感觉很像,这才 520 多公里。五戒之一不许喝酒,对于咖啡因饮料,佛祖当年没明说。这些年,我戒了咖啡,喝一点就会心跳加快,影响睡眠。

针对每天无法苏醒的困,终于破戒,喝了小半瓶咖啡。日本的饮料售卖机就是一个自助咖啡厅,各种各样的咖啡:热的,冰的,有奶的,无奶的,也有黑咖啡无糖的,有专门早上喝的,也有专门白天喝的,但没有低因咖啡。似乎没看到 Pokka,更多是 Boss 自动饮料售卖机。N 多年没喝咖啡了,只喝了一小半,怕影响睡觉。

一路有 Henro Hut,是当地人民给遍路人休息的小屋,有的晚上还可以过夜。不过我时间紧,从没进去休息过。

1 点 50 分,40 公里时碰到大村夫妇,他们从 38 番折返去 39 番。从生日前一天 37 番吃晚饭遇见,生日分手,居然隔一天又见面,仿佛过了一年。这对夫妇真的很虔诚,白衣白裤斗笠,日夜兼程,65 岁了,很不容易。能让我在路上见到两次的遍路人都很厉害。大家打招呼,互相鼓励。

43 公里的时候,就快到金刚福寺了,原来不在山上,在海边。

先去足褶岬,四国的天涯海角,在去观景台的路上碰到德国来的遍路人 Nicole 和 Peter, 第一次遇到德国人。远远地看着乌云下的灯塔,到达四国最南点,以后就一路向北了。12 天,564 公里。

下午两点半,到了 38 番蹉跎山补陀洛院金刚福寺,里面有大师像,有 13 重塔,有只大乌龟,还有池塘假山倒影,很象苏州园林。本尊三面千手观音,真言宗丰山派。敲了钟,余音淼淼,远道而来,报个到。这里已经隶属土佐清水市了。

822 年,空海大师奉嵯峨天皇之命,在此开基立寺,刻了一尊千手观音为本尊。四国最南端的足摺岬被认为是离"普陀洛迦山"(观音菩萨住的极乐净土)最近的地方,所以 38 番叫补跎洛院,这座庙想当然也是四国 88 所中离观音菩萨最近的地方了。

37 番离 38 番 86.7 公里，是四国 88 所中距离最远的两座寺庙。当年空海大师不知怎样从 37 番走到 38 番？

38 番金刚福寺到 39 番延光寺有三条路，左中右，看走哪条，从 50 几公里到 70 几公里不等。研究了地图，我倾向于走中间那条路，原路返回有点儿闷，沿着太平洋左边路又太远。

在 38 番门口买了盐渍薯条，当地特产，咸咸的，脆脆的，明天当补给。店里有卖柠檬汽水，买了一瓶。

刚才去观景台人多，走马观花，从庙里出来又去一趟，再次远望灯塔，天有些阴，这里真的很偏远，没想到人生居然到了这样一个所在。

回来走在庙前街，把喝完的柠檬汽水瓶放回刚才店里的垃圾桶。

经过一个免费的足浴泡脚池，坐下来，脱了鞋，细细体味天涯海角的静谧，就我一人，脚下顿时温暖起来。这里还能住，可惜定了民宿。

一路向西终于结束，明天开始一路向北。

早晨酒店给的现金卡上那个人，原来他的塑像就在足褶岬，当地名人，日本的一位传奇人物，中滨万次郎（1827-1898），也叫约翰万次郎，地地道道的近代"空海"。

日本在明治维新前，是闭关锁国的幕府时代。中浜万次郎 1827 年出生于土佐藩一个贫穷的渔民家庭。14 岁随几个渔民出海打鱼遭遇风暴，在海上漂流了几天，飘到一个小岛。于是荒岛求生，在岛上呆了 143 天，被一艘美国的捕鲸船救起。当时两国没有外交关系，船长约翰只能把他们带到夏威夷。中浜万次郎对于美国的一切都充满好奇，约翰船长收他为养子，带他出海。万次郎也因此学习英语，学习航海，取名约翰。后来约翰船长回到美国，万次郎上了航海学校。他继续出海，当上副船长，周游世界，甚至看到南极的风光。然而万次郎一直想念祖国，总想回去。可那个年代象他这样的人回国，很可能被当成敌人斩首。

10 年以后，万次郎 24 岁的时候，终于搭乘商船从夏威夷去上海，快到日本时，他们又开着小船去日本，然而遇到风浪，在琉球搁浅。琉球的地方官对万次郎等进行盘问，对于他的神奇经历印象深刻，无奈，必须要把万次郎送回日本。经过多伦审讯后，万次郎并没有被判刑，也是因为当时日本在准备对外扩张，觉得这样的人才太有价值了。随后万次郎担任了英语老师，翻译等职，最初向他伸出橄榄枝的还是琉球长官。

1859 年日美签订和亲条约，1860 年遣美使节团去美国访问，万次郎是日本唯一懂英文的，得到名额，再次见到约翰船长，赠送了日本刀给养父。回国后，万次郎致力于翻译，教书和制作地图，1869 年成为东京大学前身开城学校的教授，直到 1898 年去世。

在这样天涯海角的地方，出了日本"洋务运动"第一人也确实是当地人民的骄傲，他是把西方的先进技术带入日本的第一人。

总感觉象在海南岛，大概那里有天涯海角吧。

在泡脚的地方问了路，一路向下，就是民宿田村。很快，沿着海边下来，门口找了一会儿，看到民宿田村的招牌。46.10 公里，9 小时 43 分 45 秒，包括泡脚时间，累计爬升 501 米，比原计划超出快 40%。累计 567.59 公里。

在民宿田村，遇见松永小姐，福冈来的，会讲英语，法语，很难得，特别沉静的女子。她说每年都会花 10 天走遍路，吃饭时我旁边坐的是松永先生，忙问，你们一家人？她笑，不是的，松永在日本是个很常见的姓。

法国黑人女生 Aie 也在，不过没吃晚饭。她脚上长泡，从 37 番分手后，只能坐车了。不少人下定决心走遍路，但途中总会碰到各种各样的意外：受伤，迷路，恶劣天气，心情不好，等等，最后改坐车。没有对错，遍路对于每个人的意义不同，领悟也各不相同，走路，坐车，骑车，怎样都行。

6 点，田村先生广播，晚饭时间到了，原来这里用广播的，回到旧社会。

餐厅里每份定食前都放着名牌，看到キャサリン这个牌子发愣，这难道是我的英文名 Catherine？田村先生说，どうぞ，请坐在这里。我赶紧拿出相机拍了个名片。

晚饭很丰盛，聊的也很开心。这里早晚饭加住宿 6800 日元。

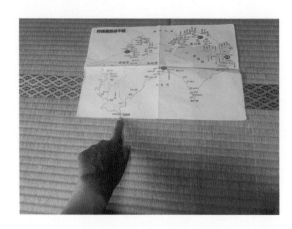

太平洋连续两天在左边，左手超级黑，晒出阴阳手。

每天起早贪黑 12 天，不少东西都寄到民宿 Shimaya 岛屋了，明天包也不重。由此可见，很多东西是不需要的，寄走的都是可有可无的，还能再减。

爱知 16 个庙，还剩最后一个 39 番延光寺，修行的道场明天就结束了。

Day 13　|4月12日　阴转雨
世外桃源的三原村

一座庙：39 番赤龟山寺山院延光寺

计划 50.9 公里

早晨起的比鸡早，在家每天遛狗现在改遛自己了。

昨天喝了小半瓶咖啡，昨晚照睡不误，开启每天都喝一点咖啡的节奏。遍路改变人，饮食习惯也改了……

五点半，房东田村夫妇一大早起来，做了热腾腾的饭团，让我带着上路。想起小时候春游，爸妈总是一大早做好路上吃的，让我带着。包饭团的粉色刺绣小包太漂亮了，老板娘说是御接待 Osettai 送我，可我不能接受多余的东西，不想增加重量，于是拿出饭团，悄悄把包放回客房。

5 点 32 分出发，阴天，乌云密布。

先要出足褶岬所在的足褶半岛，再上 321 国道。沿着 27 号县道向西走了 4 公里，左转向北。6 公里过了一个 1000 米左右的山洞。9 公里多经过清水的名水，是泉水，喝了一点儿，肚子没什么不舒服。这一路，看到山泉水就喝，没坏过肚子。

11 公里过桥离开足褶半岛，到了昨天的三岔路口。与昨天拐的方向不同，今天左转还是沿着 27 号县道继续向西。过土佐清水市，有个渔港，看见晨练的人。经过足褶黑潮市场，没进去。

过了 Sunny Mart 清水店，直行向西北上 321 国道，这条国道又叫 Sunny Road 阳光路，风景优美，沿着海边。礁石黑黑的，被海浪冲刷着，挺震撼。

14.5 公里有个小店吃了点东西，哪里想得到，未来 30 公里都没补给。

9 点，看到约翰万次郎资料馆的标志，从这里过去 3 公里。

快 21 公里，从 321 国道下来，右转，开始进山，走中间路，Google 导航也终于给出了路线。之前 Google 导航一直导出昨天东边的海边路线，因为那条路最近。

走中间路，从四国岛中间穿过去，去 39 番。一天一人一座山，胆子真大，没有丝毫恐惧和寂寞。

空海 14 岁开始学汉语，跟舅舅阿刀大足去奈良学习。阿刀大足是阿刀玉依的哥哥，当时在朝廷当官，是位大学者。由于汉学造诣，阿刀大足担任伊予亲王（桓武天皇之子）的老师，地位很高。而他对空海宠爱有加，每次来都教空海读书，学汉语。当时日本上层社会都在学汉语，他在舅舅的指导下，很快掌握了四书五经，他博览经史，可吟诗作画。

空海 18 岁入大学明经科，本应走仕途，但对佛法更痴迷，中途辍学，入山中云游修行，这可真难为了舅舅和他的父母。

空海 21 岁出家，24 岁著《三教指归》，32 岁作为留学僧入唐，九死一生西渡，去长安学习，后遇惠果，接受其衣钵。惠果传法于空海后，让他速速回国。大概临终前的惠果已经预知会昌法难唐武宗灭佛的未来，所以提早让空海返回东瀛，保留了唐密法脉。

惠果 805 年 12 月 15 日圆寂后，空海奉唐宪宗之命撰写碑文。《大唐神都青龙寺故三朝国师灌顶阿闍梨惠果和尚之碑》，洋洋洒洒，一气呵成。然而青龙寺被毁，此碑文在中国早已失传，要不是当年空海自抄一份带回日本，编入汉语《遍照发挥性灵集》，后人就无法目睹空海的文来。"来非我力，归非我志。招我以钩，引我以索。""和尚掩色之夜，于境界中告弟子曰：'汝未知吾与汝宿契之深乎。多生之中，相共誓愿，弘演密藏，彼此代为师资，非只一两度也。是故劝汝远涉，授我深法，受法云毕，吾愿足矣。汝西土也接我足，吾也东生入汝之室。莫久迟留，吾在前去也。'""胸裂肠断。欲罢不能，岂敢韬默？虽凭我师之德广，还恐斯言之坠地。叹彼山海之易变，悬之日月之不朽。"

806 年，空海遵师命回国。

唐武宗（814-846）会昌五年（845 年），武宗及宰相李德裕（787-850）崇信道教，严禁佛教，毁佛寺 40000 多座，下令 26 万僧尼还俗，史称"会昌法难"；其与北魏太武帝及北周武帝的打压佛教，并称"三武之祸"。幸好惠果生前已嘱空海将密宗重要经典器物带去日本，保存下来，否则很可能毁于会昌法难，青龙寺也被摧毁了。

作为留学僧的学问僧，要在唐朝呆够 20 年才能回国，而空海遵师命两年多就回来，日子并不好过。起初不许入京，后来受嵯峨天皇重视，成为一代开山祖师。空海一生经历平城、嵯峨、淳和、仁明四朝天皇，为前两帝灌顶，对日本的政治经济文化产生了深远影响。

一个人在路上，大师的点点滴滴浮现在脑海里，不知当年他是怎么从 38 番去的 39 番？

山上下雨，满山都是日本山地螃蟹，红的，在熊野古道也见过。沿着一条河上下，山路也是沿着河建的。河边有小瀑布，自然景观超好。

一直爬山上坡，没一个人，连个车也没有，更别说饮料机了。好在不热，也不渴。

沿河边蜿蜒而上的路走，瀑布很漂亮，水哗啦啦往下流。

快 34 公里到顶，海拔 600 多米，看到来去两辆车。13-4 公里上坡，8 公里下坡。下坡跑得很爽。

山上下来快 42 公里，就像进入一个世外桃源，鞋袜子全湿了，看到稻田里的白鹭，池塘，和岸边红黄两个栩栩如生的稻草人，下午一点多了。到处是三原村各种店铺的广告，有个咖啡厅最吸引遍路人，还有两公里，我一直想着去那个咖啡厅。

43.6 公里，离 39 番还有 11 公里，我要饿晕了。终于到了三原村 Yamabiko Cafe。咖啡店隔壁是个便利店，买了盒饭，问男收银员哪里可以坐下来吃？他掀开帘子喊了一嗓子，这位 Henro san 要进店吃！里面传来：Hi, Irasshaimase いらっしゃいませ！(欢迎光临!)

于是，我坐进了隔壁的餐厅，Yamabiko 咖啡厅。把盒饭摊在桌子上，人家给了茶和 Miso 味增汤当作御接待 Osettai。4 个老太太坐在一角聊天儿，就我一个客人。她们问我各种问题，饶有兴趣，从哪里来，到哪里去，做什么的，今天遍路第几天，晚上住哪里云云。我边吃边答，中间还有人给我加了水。想起小时候，部队服务社里的阿姨，无所事事，凑在一起闲聊的画面，怀旧。

美美吃完，觉得又有精神了。

沿着 21 号县道出三原村，出来仍然下坡趋势，一路都是三原村合同会社，似乎有当年人民公社的感觉。一片祥和。

今天过隧道就光脚走，让脚放松按摩接地气。隧道里面干净，地面凉爽光滑，适合光脚。走完一个隧道，脚按摩一通，就又可以无痛前进 5-6 公里了。

身体有到临界点的感觉，最弱的部位是脚，不是膝盖。千里之行，始于足下，要让脚随时休息，恢复。

48 公里出了隧道，脚感觉好多了。看到一个巨大的水塘，池水荡漾，3 点刚过，还是 21 号路，远处有个大坝。让我想起大师 821 年在香川修筑的满浓池，不过位置不对，满浓池应该在 74 番甲山寺附近。后来得知这里叫中筋川大坝。

51.4 公里，才彻底出三原村。

大概离 39 番还有 3-4 公里, 3 点 22 分, 居然追上大村夫妇。他们仍然一身白色, 手持金刚杖, 头戴斗笠。昨天去 38 番的路上第二次遇见时, 他们在去 39 番的路上。今天第三次遇见, 说今晚住的民宿不到 39 番。告诉他们我就住在 39 番边上的民宿 Shimaya 岛屋。大家再次挥手告别, 彼此鼓励。我笑着说, 明天见!

53 公里左转居然又上了 56 号国道, 在上面跑了 1 公里下来, 右转向北, 离 39 番延光寺不到两公里了, 各种标志都指向 39 番。

离 39 番还有 200 米。路过民宿嶋屋 Minshuku Shimaya 岛屋, 看到一位胖胖的老先生站在门前, 头上戴个穆斯林式的帽子, 满面红光, 微笑地看着我。我停下来问, 您是 Shimaya san 吗? 他点头说是。我高兴地说: "我是香港来的 Sun Sama (姓孙的"客様"顾客)!"电话预定时, 他听不清楚我的名字怎么写而发明的称呼。他也一脸笑容, Sun Sama? 这里进去, 他指着民宿的入口。我笑, 等一会儿, 时间还早, 我先去 39 番延光寺, 然后再回来。他点头, 指着前方, そこへ 200 メートル歩きます (朝那边走 200 米)!

原来民宿基本以主人的姓命名, 象 Minshuku Chiba 民宿千叶, Minshuku Tamura 民宿田村, 简单。他的姓 Shimaya, 日文是嶋屋, 嶋是岛的异体字, 我就叫他岛屋吧。

39 番赤龟山寺山院延光寺很快就到了, 本尊药师佛, 真言宗智山派, 到宿毛市了。

4 点 18 分, 在庙前停了表, 54.95 公里, 10 小时 46 分 45 秒, 累计爬升 955 米。今天不慢, 很多路都在跑。累计 622.54 公里了。

寺内很安静，人流都散了。据说延光寺有个井，可以治眼睛，找了半天，还爬上山去，没找到。最后问了庙里的和尚，原来就是边上特别小的亭子，祈祷了一下，怪不得叫延续光明的延光。庙里纳了经，拍张照，居然坐下来发了朋友圈，享受片刻的宁静。

回到岛屋先生家不到 5 点，天大亮着。他家里挺乱的，不过乱中有序。前两天从四万十之宿寄的包裹到了，打开，在民宿门口把 37 番买的白鞋送给 Shimaya 岛屋先生，他可以转送需要的遍路人。又请他帮我继续寄包裹，寄到三天以后的第一商务酒店松屋，收了 1000 多日元的包裹费。这里住宿加两顿饭 6000 日元。

泡澡的风吕很大，墙上还画着富士山，我一人独享，解乏又放松。

天黑前两个帅哥到了门口，一个是荷兰人，一个是巴西人，背着大背包，我告诉他们风吕很好，去泡个澡。

晚上吃的还不错，是 Shimaya 岛屋太太做的，重油浓汤，日餐油水少，倒也没觉得腻。那两个男生没吃晚饭，很多年轻背包客为了省钱，只住不吃，叫素泊，我必包两顿饭，虽然早饭不一定吃，人家开店不容易，我到店也没多余的力气觅食，两相方便。

居然又见法国女孩 Aie，估计田村先生帮她订的这里。因为早晨出门，他们问我住哪儿，我告诉他住 Shimaya。

Shimaya 岛屋先生有一只很肥的猫，好多毛，跟我亲昵半天。

在这里，晚上发了脸书， 高知修行的道场，16 座庙拜完了，真的需要每天都努力地前行才能顺利覆盖这 16 座庙。事已至此，终于觉得可以完赛了，广而告之。

眼耳鼻舌身意，全方位体验四国遍路，是各种指南的核心点。眼睛看到庙宇山川，耳朵听到晨钟暮鼓，鼻子闻到花香饭香，舌头品尝各地美食，身体沉浸在四国的自然人文宗教的怀抱，思想穿越古今中外前世今生。对于我，因为完赛是重点，成为每天注意力的焦点，五官感受反而在其次了。

倒是随时放松是必修课，调整呼吸，长呼短吸。保持微笑，喜乐频道。

每天都有进步，总结学习新的东西。有时是血泪教训，有时是灵光一闪。同行二人，觉得冥冥之中，自己好幸运。身体这样给力，抬脚挪个 50 公里不在话下，人家把这条路准备好，等我来发现，何德何能，有这样的机缘？非常感恩，满心欢喜。

Day 14 ｜4 月 13 日　晴
遇见 4 次的大村夫妇

一座庙：40 番平城山药师院观自在寺

计划 35.4 公里

今天开始爱媛菩提的道场，26 座庙。身体慢慢走到极限。菩提在梵语中有开悟的意思，会吗？

早晨 6 点，Shimaya 岛屋先生的早饭就准备好了，五个人吃，包括 Aie 和另一个法国女生 Pastel，后来在民宿青空屋又碰到 Pastel。其他两位是日本人，昨晚的荷兰和巴西小男生没在这里吃饭。年轻的背包客都会素泊，只住不吃。

昨天把白鞋送给 Shimaya 岛屋先生，临走又叮嘱他 Nimotz 荷物にもつ要记得发给松屋，他用的是一个亚马逊 Amazon 的纸箱子，后来这箱子用了一路。

因为今天短，怕下午 2 点到 Kameya かめや旅馆不能入住，还让 Shimaya 岛屋先生打电话过去问，那边说没问题，可以提前入住。四国的民宿一般都是下午 4 点才能入住，早晨 9 点要结账走人，这跟 Camino 法国之路异曲同工，那里的大车店一般中午 12 点就能入住，但第二天早晨 8 点要卷铺盖走人。目的都是督促行脚的人不偷懒。

出发前在门口跟 Shimaya 岛屋先生毛茸茸的猫玩儿了一会儿，还让荷兰男生给照了一张全身相。

正准备出发，大村夫妇出现在我的视野里。我惊喜的，叫住他们，大家一起合影。他们夫妻俩好快，每天 30 公里的样子，能在路上碰到我 4 次，真的是奇迹。昨天碰到时，他们说住在 39 番前，今天一大早就出来了，顶着门去 39 番，勤快人。我直接去 40 番，大家在岔路口别过，以后就再也见不到了，一路保重。

到 40 番观自在寺，有 27 公里，今天就这一座庙。先走了一段山径，4.5 公里，又转上 56 号国道，离开宿毛，去爱南。据说 40 番观自在寺是离第一番灵山寺最远的寺庙，网传里程离开一番 599.1 公里，到一番还有 537.9 公里。而我到 40 番就已经 650 公里了，估计还得有 600 公里才能到一番，差不多半程了。

天热，16 公里，脚不舒服，光脚走了两公里。十点半，看到一本松温泉，在一本松物产贩卖所，买了四个鸭蛋大的西红柿。

坐下来在边上的凉亭吃起来，脱了鞋，让脚也凉快凉快。一路买西红柿和草莓，不洗就吃，好像也没什么事。遇到本村，东京来的小伙子，离这里两公里时就看见他在路边的亭子里休息，这会儿他追上来了，黝黑的面庞，戴着帽子，圆圆的脸。请他吃西红柿，他表示感谢，也给了我吃的，一小包 rice craker 米饼，一小包 shortbread 黄油饼干。路上似乎第一次遇见日本年轻人，本村的包看着好重，他今天就在 28 番边上住，是要露营的。他说我是最快的 Henro，Yichiban Haiyayi Henro! 最快的遍路人。我笑，挥手告别。

凉亭旁边就是一本松温泉，没泡。路上没有泡温泉的奢侈，甚至也没有坐下来点一顿午饭的奢侈，时间不等人。时间又是什么？不也是人造出来的概念吗？现在我早已忘了星期几，只知道第几天。

25 公里左转上了 46 号县道，46 号自然变成 297 号。大方向还是朝北。

离 40 番还有两公里，到了城边，是个城市的名字，没什么人。在一个卖牛肉盖饭的连锁店すき家 Sukiya，买了一盒野菜盖饭。喜欢店铺的口号：Save time and money 节省时间和金钱。

28 公里，5 个半小时，快十二点半，到了 40 番平城山药师院观自在寺，爱媛的第一座庙，菩提的道场，还没觉出有何不同。

庙里有以水祈愿的"八体佛"。12 生肖对应着八座雕像：千手观音对子年（鼠），虚空藏菩萨对丑年（牛）和寅年（虎），文殊菩萨对卯年（兔），普贤菩萨对辰年（龙）和巳年（蛇），大势至菩萨对午年（马），大日如来对未年（羊）和申年（猴），不动明王对酉年（鸡），阿弥陀如来对戌年（狗）和亥年（猪）。找到阿弥陀如来心里默念，把水泼到佛像身上。后来去高野山，过御庙桥之前，也有浴佛的习俗，只不过那里是找自己喜欢的佛像泼水。

拜了庙，上了厕所，买了瓶水。有个会馆，前面是个大草坪，一个人都没有。坐在会馆前草地的长椅上吃了野菜盖饭，好吃。这里的主尊是药师佛，真言宗大觉寺派，到爱南町了，原来这座庙也有宿坊。

据说 807 年（大同二年），空海大师在这里用心经祈祷病中的平城天皇痊愈。后来，全国的佛教徒都开始抄写心经。1978 年，这里终于竖起了一座心经宝塔。

四国遍路的寺庙和遍路人至今仍有抄心经的习俗，应该源于 818 年（弘仁 9 年）的疫情，嵯峨天皇忧心忡忡，用金笔写了一卷心经供奉佛前，命空海大师祈祷，并作《般若心经秘键》讲解心经，后来疫情慢慢缓解而消失。这一路我也抄心经，尊重当地风俗，不过抄玄奘翻译的 260 字版本，日本的心经也是汉字，稍微有些不同。

好安静的午餐。

Kameya かめや旅馆离这里还有 10.6 公里。而かめや旅馆到 41 番龙光寺还有 39.1 公里，是明天的功课。

上了 56 号国道，30 公里又在 Lawson 喝了吃了上了厕所。国道边总不时出现便利店，是补给的大救星。尤其天热，要上厕所，厕所还可以清洗，防止出汗引起的磨裆，私处不适，比用湿纸效果好，这也就是日本，到处可以找到有清洗神器的洋式厕所。

大概 32 公里，两点十五分，被一位老外遍路人拦住，高高的个子，一身遍路白色，60 来岁，是来自美国的 Scott，要求跟我合影，说在脸书上看到我。早晨坐大巴就看我在路上跑，因为跟脸书上的绿裤子一致，认出我。我的 Marmott 绿色紧身裤在加德满都买的，估计路上绝无仅有。这会儿遇见，他还有些不太敢相信，怎么这么巧？我问他住哪里，说离这里还有 7-8 公里。

上坡，跟 Scott 告别，后会有期。

午后很热，快 30 度，一天两个季节。

37 公里又见太平洋，车多起来。

不到 39 公里，从 56 号国道下来，远远看见一个似乎两层楼的 Lawson，今晚是否可以过去买些东西呢？

沿着小路跑了一会儿，39.18 公里，8 小时 1 分 07 秒，累计爬升 428 米，到了 Kameya かめや 旅馆，还在爱南。这是一位年轻女子经营的小旅馆，下午不到 3 点，到店最早的一天。累计 661.72 公里了。

洗澡，洗衣服，发社交。自己的小 Ego 还在，发社交媒体就是证明。

晚饭有个大鱼头，不知如何处理。Scott 居然也住在这里，两个人聊了两个小时，他从西雅图来，是个园艺师，说日本的园艺太美了，他每天都因此改变行程。看到我这样超级的里程，他说特别受鼓舞，虽然自己做不到，但看到有人能做到也受激励。他说月底女儿过来，等我完赛没准儿还能见到。

这是两周以来跟人对话时间最久的一次，白天里程短，晚上不累。挪动 8 小时和 12 小时的一天，还是有本质区别的。聊完，我直接就去睡了，第二天一大早要出发。

因为要早走，晚饭后老板娘给我做了饭团，8 点来钟放在门口。晚上楼下挺热闹的，一直在吃饭喝酒，好像我们两人吃完后，她还招待外面的客人。

这里连吃带住一晚 7000 日元，只收现金。

整个旅馆就我们两人住，不知楼下什么时候散的，我睡得挺好，喝咖啡也没事。看来睡不着真的是因为身体不够疲惫，精神不够放松。

未经训练，人的紧张和放松基本都是无意识的，而呼吸可以控制人的自主神经系统，紧张与放松的开关。吸气激发交感神经系统，主管 Fight and flight 焦虑和恐惧，呼气激发副交感神经系统，主管 Rest and relax 休息和放松。每天在一步一步，呼吸的轮回中滚动，生命滚滚而来，又潺潺而去，如去如来。

我一路关注呼吸，呼吸的节奏往往人为地调整为 345，478，上山则 3 步吸气 5 步吐气，下山或平地可以 4 步吸，7 步屏，8 步呼，我的最爱。平路跑，我喜欢 2-4，吸气跑两步，吐气跑 4 步。总之，延长呼气的时间和强度，激发副交感神经的放松和休息功能。所以 13 天，身体虽然逼近极限，但精神逐日放松，尤其最艰苦的修行道场一一完成，对于完赛的担心从有到无，现在，几乎感觉唱着歌就可以到终点了，犹如西班牙 800 公里朝圣的最后一天。

Day 15 │4 月 14 日 阴转雨
最长的一天

3 座庙：41 番稻荷山护国院龙光寺-42 番一力（いっか）山毘（毗）
卢舍那院佛木寺-43 番源光山圆手院明石寺

今天是 Long Day，原计划 56.3 公里，但没想到会那么长！还是那句话，人没有吃不了的苦。

早晨 4 点就醒了，老板娘昨晚留在门口的饭团吃了一个，也是为了减重，放肚子里就轻了半两。喝了茶，4 点 49 分就出发了，起的比鸡早。手表黑咕隆咚开错了模式，用了 track run，室内跑道跑，所以设置的爬升，心率都不见了。没关系，将错就错吧，有里程和时间就行。

Kameya かめや旅馆离 41 番龙光寺有将近 40 公里，需要半天，争取中午能到。白天经过宇和岛市，晚上住西予市。

戴着头灯，56 号国道上去没多久，看到两个隧道，一个是小一些的山洞，另外一个是走车的山洞。犹豫了一下，走了过车的山洞，850 米与车共行，很不舒服。过来，才发现原来旁边的山洞也到同一个地方，太土了！后来再看到行人山洞，就直接走进去，超级好，特清净，可以唱歌跳舞。大多数隧道都有人行路，而旁边有行人山洞的隧道就没有，亏了早晨车少，长知识了。

不到 7 点，快 12 公里从 56 号国道下来，沿着 Yoshihara 吉原河走到小村子里，太美了，又是一个江南。沿着河边走了快 2 公里，14 公里过河回到 56 号国道，河到了左边。不知为何，四国的很多景象酷似江南，让我恍惚，莫非同为鱼米之乡的缘故？

15 公里多，在 FamilyMart 吃了纳豆饭团儿，喝了乳酸菌酸奶。上厕所，清洗，等等，处理好内务。

趁早晨多跑，凉快，先整个半马，再说别的。

　　沿着 56 号国道跑到快 20 公里，又有一个 FamilyMart，津岛高田店，难道这个地方叫津岛？吃了喝了上了厕所，又可以继续了。

　　快 20 公里左转从 56 号国道下来，走了 2-3 公里，23.3 公里的样子，换县道 46 号。

　　看到 1710 米的松尾隧道，换 Trail，翻山不走隧首，山是我的最爱。

　　8 点 40 分，碰见日本遍路人 Okuci 先生；又过了 10 分钟，遇见一个德国女孩问路，匆匆超过。不过山上又迷路，路标说 41 番上山，40 番下山，肯定错了。多走了 3 公里多，Okuci 先生居然从对面过来，说应该下山。27 公里山上下来继续上国道 56 号。

　　30 多公里，穿袜子走了 2-3 公里，Skinz 袜子就牺牲了，这双袜子还是 2017 年 777 跑南极时买的。穿着袜子走走，脚的状态好多了。

　　33 公里，在路边的 7-11 补给，饿坏了，16 公里才有补给。

　　快十点半，到了一个特别大的城，叫宇和岛 Uwashima 35 公里，穿城而过，在 56 号国道上上下下，一直到 37 公里，终于右转下 56 号国道，上了 57 号县道，沿着河和铁路。

　　44.64 公里，快到龙光寺了。12 点 49 分，8 个小时，快 45 公里，到了 41 番稻荷山护国院龙光寺，本尊 11 面观音，有庙的地方风水特别好。相传空海大师云游到此，遇见一位背着稻束的白髪老人，感应老人是"稻荷神"的化身，在此开基立寺。最早"稻荷信仰"是向稻荷神祈求丰收，现在则转为祈求生意兴隆。

　　山门前有戴着红帽子的稻荷神雕像，如同圣诞老人。41 番在宇和岛市，属真言宗御室派。

　　在纳经所要了地图，去 42 番走山路，只有 2.9 公里，下雨了。路上有个民宅，正好在通往山径的入口，主人指了去佛木寺的方向。这条佛木寺的小路，绿水青山，是今天最宁静的时刻。

　　1 点 55 分，雨中来到 42 番一力（いっか）山毘（毗）卢舍那院佛木寺，本尊大日如来，高 1.2 米，木雕，据说空海大师雕的大日如来在肚子里。42 番还在宇和岛市，有个家畜堂，近些年人们到这里为宠物祈祷，叫善畜供养。

　　42 番的山名有一王果山之说，后来考究一番，似乎没有汉字，日文叫いっか，所以我就用它的片假名一力山吧。毘卢舍那又译为毗卢舍那，毗卢遮那，光明遍照的意思。

　　雨停了，美得心醉。

　　在纳经所研究如何去 43 番明石寺，柜台后的和尚说走公路 17 公里，走山路 10.9 公里。给了地图，边上有位遍路人要走山路，可外面又下起雨来，而且越下越大。

我得马上做个决定，拼 5 点关门，10.9 公里或 17 公里，爬升有 300 多米，现在 2 点多了。脑子在飞速运转，这样的雨天，万一山上迷路，就会浪费很多时间；公路虽长，但可以一直跑，3 小时以内能搞定。

走公路！

2 点 15 分从 42 番出发，17 公里，去拼 43 番明石寺的 5 点关门。已经 50 公里了，今天得接近 70 公里。

279 号县道跑了 7 公里右转又上 56 号国道，今天基本都在国道上，雨一直在下。

43 番海拔 288 米，可一直是平路，该来的总是要来。63 公里一过，开始上坡过隧道，一口气过了 10 个上坡隧道，最后下一个隧道，一路都在跑。奔跑能力需要拼关门时全用上了，心里还是很放松，觉得肯定没问题。

65 公里多，终于从 56 号下来，右转上了 237 县道，脚痛，看到老乡家门口有水管子，但没人，也不好意思用。继续跑，脚实在太痛了，又看到水管就不客气了，脚上浇了桶水，恢复一下，没那么疼了。

快 5 点，突然进了城，应该是西予町。庙在郊区，街道七拐八拐，又沿着一条街上坡。

快到庙门，大概 4 点 45 的样子，遇到德国小伙子 Toby，朝他笑了笑，没时间停下来。

4 点 50 分，离 43 番源光山圆手院明石寺还有 150 米，一直没停，一直在跑，一口气跑了 2 小时 35 分钟。

到山门，先去找盖章的纳经所。看到一个和尚在收拾各种纪念品的摊儿，问他哪里可以盖章，他回到窗口，问，纳经帐呢？原来他就是纳经僧人。5 点一过，那和尚就离开了纳经所，不见踪影。

我这下彻底放松了，在庙里闲逛。有个夫妇衫，原以为只有这里有，后来发现很多山上庙里都有。远道而来，敲了钟，回声袅袅。

43 番明石寺，本尊千手观音，有个两米高的观音像，属于天台寺门宗，宗祖是平安时代的第 5 代天台座主智证大师圆珍。比叡山延历寺的第 3 代天台座主圆仁和第 5 代天台座主圆珍因为对佛教解释不同，造成两派分裂，圆珍派下山入三井寺。留在比叡山的圆仁派称作山门派，入三井寺的圆珍派称作寺门派。四国遍路的 76 番金仓寺也是寺门派。

在庙里找去城里的路,不想走回头路,以为可以从后山绕出去。遇到芬兰女生 Fin,坐在椅子上抽烟,一身黑,戴着黑帽子,很漂亮,说今晚还有 10 公里,她是要野宿的,勇敢的女孩。告别时她说,可能还会见。

这里到整点就放音乐,庙里也是。5 点多了,住的地方还有 20 分钟,好像叫第一商务酒店松屋。山上没路,得原路返回,沿着 237 下山。

跑到上来的路口右转,松屋在一个小巷子里。到之前在一个小店里买了草莓,韩国泡菜和方便面,这几天都吃不太饱,给自己加点儿料。

松屋外面看着像个餐馆,在门口盘桓了半天才确定要上楼。楼梯在外面,原来酒店前台在二楼,下午 5 点 40 了。

69.62 公里,12 小时 51 分 18 秒,累计爬升 1026 米,没想到今天是四国遍路最长的一天。累计 731.34 公里,快 800 公里了。旅店在西予町市中心,但看着很安静。

让孩子爸从香港寄的凉鞋收到了，在前台，神奇化异。Shimaya 岛屋先生寄的包裹也收到了，捧着两个包裹上楼。405 房间，很小，是西式床，晚饭送到房间里，很简单，加了点儿自己的泡菜。免费洗衣服，作为御接待。可能前台小姑娘洗衣服时，把那双东京马拉松买的绿色薄手套弄丢了，不过还有一双防水手套，东西丢就丢了，不是我的过错，也没什么可惜的。

对物质的需求降到最低点。

终于可以好好休息了，因为明天没庙，只有 30 几公里，相当于休息日，晚些时再出发。

这里晚上是清食，简单的日餐，早饭在楼下餐厅，一晚 7700 日元。

今天到店已经信心满满，最长的一天，脚经受住考验，凉鞋收到了。原来人的忍耐和极限那么有可塑性？15 天以前绝对写不出这样的感受。

遍路让我成长。每个人的轨迹都不同，只有我可以体会自己的路，对于别人，我的路可能是无法逾越的鸿沟，太难以实现了；而对于我，似乎世上无难事。设定目标，就能够实现。

今天才 70 公里，而日本天台宗比叡山的马拉松和尚要进行 7 年千日迴峰的修行，1000 个马拉松，不成功则成仁。他们最长的是 84 公里连续 100 天，每天只能睡两个小时。比起那种非人考验，我偶尔整个长的，太毛毛雨了。进行过两次千日迴峰修行的酒井雄哉（1926-2013）写过一本书叫《一日一生》，告诉世人他是如何完成 14 年 2000个马拉松修行的，最有效的法门就是把一天当一辈子过。马拉松和尚的苦修精神，也成为激励我每一天前行的动力。

时刻努力放松，这样漫长的旅程，每天的运动量，我的皮质醇肯定高得不得了，靠晚上睡觉的自然休息远远不够。每天都进行长时间的主动呼吸，345，478，最常用的就是上山吸气 3 步，屏气 4 步，呼气 5 步，或者干脆吸气 3 步，呼气 5 步，延长呼气时间和强度，激发副交感神经的 Rest and relax 休息和放松功能。这么长时间没受伤，心率正常，大概跟每天的主动呼气有很大关系。

另外就是每天要喝 4-5 瓶乳酸菌，明治 R-1 乳酸菌，朝日乳酸菌，养乐多 1000等，反正便利店看到就买。加强肠道微生物菌群，肠道健康。明治有一款红瓶低糖的，最适合。后来孩子爸过来，看到我疯狂喝乳酸菌，便利店几乎替代水的喝法感到奇怪。作为营养学家，我知道自己需要什么，每天蔬菜膳食纤维摄入不足，还会吃动物脂肪蛋白质平时不太吃的东西，乳酸菌既可以帮助消化也能提供肠道微生物菌群的需要，所以成为每天必备，当水喝，也是没办法的办法。

已经可以感受到完赛的轻松了，安心地上床睡觉。

Day 16 | 4月15日 阴
住女生宿舍

没庙，计划 33.2 公里，休息一天。

四国遍路，30 几公里的日子对我就是休息，而对于广大人民群众，30 公里的一天是超长日。昨晚跟美国人 Scott 聊天，告诉他我为何有时一天会跑 60 多公里，因为 30 几公里没有任何挑战，所以时不时要拉个长的。

早晨不到 9 点恭恭敬敬抄了一幅心经，用的是在 37 番岩本寺的 A3 白纸，这幅字是为 44 番大宝寺，88 所庙的半程准备的。

今天要去内子 Uchiko，民宿说下午 5 点才能入住，所以 10 点才出发。

收拾东西，爬到桌子上，下来还摔了一下，卡了一下裆，髋关节不舒服，好在没大事，要特别小心， 防止乐极生悲。

不用的东西接着寄到 51 番边上的松山青年旅馆，又轻松了。

今天应该大多数时间在国道 56 号上，一路向北。

5 公里多，在 FamilyMart 吃了东西。

穿上凉鞋，贴着脚保护薄弱之处。阴天，远山朦胧。心情很好，基本不痛不痒。

1 点 10 分，追上澳大利亚的 Toby，30 岁，昨天傍晚在 43 番见过，跟他聊了几句。后来再也没见了。

在某个地方的遍路小屋，又碰到 Fin，她说要去前面的便利店买东西，上厕所，包扔在小屋里，好巧。对于背包露宿的遍路人，我特别敬佩。跟 Fin 告别，有些后悔，应该给她点儿现金当御接待 Osettai，忘了遍路人之间也可以给 Osettai。

山都软软的，山清水秀，就是没人。

19.5 公里，在大洲的 FamilyMart 吃了东西，买了沙拉，一路膳食纤维摄入不足，所以便利店里只要看见沙拉就买。可肚子就这么大，吃了沙拉就吃不下别的东西，而沙拉的能量又不高，过不了多久又饿了，因此只能看到便利店就停，从赛前的每天吃两顿，到现在的每天吃 N 顿。

吃了饭，感觉好多了，瘦了 3 公斤多。每天这样超大运动量，摄入跟不上消耗，所以一直在掉体重。见到吃的，能吃就吃，荤素不忌。平时的各种偏门吃法都有一个共同前提：能量过份摄入。如今怎么吃，这个前提都不存在了，几乎不考虑进食时间和进食量。然而这种如青春期"饿狼"般吃法，平时不太动的状态绝对无法承受。

有研究表明，对于超长多日越野，超过 15 天的，跟 3 天以内，14 天以内的能量需求非常不同。一般新陈代谢前 14 天会根据每天的消耗来调整，做到可以烧呈几倍上升的卡路里。以 BMR 基础代谢量做标杆，10 天以后，每天摄入差不多是 BMR 的 4.5-6 倍，也就是 6000-10000 大卡。我觉得现在每天 BMR 加运动消耗至少需要 6000 大卡，而每天能吃进嘴的东西，充其量 3000-4000 大卡，净亏空 2000-3000 大卡，怪不得饿，体重掉得厉害。

过了大洲，在加油站上了厕所，24 公里，还有 8-9 公里。凉鞋，袜子，右脚足底不太舒服，左脚倒是见好。这里的加油站大多是 ENEO's，也有 Cosmo， 不卖东西，个别厕所对外开放。

大洲乡下，在山谷里，很漂亮。

还有 7-8 公里。

汗都没出，到处都是稻田，所以天天吃米饭。

日餐是刺身さしみ，寿司すし ，天妇罗天ぷら，火锅寿喜烧すき焼き，炸猪排とんかつ，拉面ラーメン，咖喱カレー，炸鸡唐扬げ ，串烧やきとり，以及米饭，咸菜渍物和味增みそ汤的排列组合。遍路上民宿膳食大大小小的碟子基本包括几样：渍物腌的小菜，鸡蛋，豆腐，沙拉，天妇罗，小火锅，味增汤，米饭。晚饭可能多个天妇罗，高级一点有刺身，烤肉。早饭有纳豆和海苔。他们没有中餐的爆炒，油水不多，吃了大大小小好多盘，貌似很多，没多久就会饿。这些天感觉的一个背景板就是饿字当头，胃口超好。

不小心走错路，走到稻田里。鞋湿了，脚舒服，从铁轨爬过来。刚过来没多久，就过了一辆小火车，好玄。

看到很大的白鸟，一对儿，落在稻田里，据说这就是一行白鹭上青天的白鹭。

走在乡间的小路上，轻松自在。

在内子的 Lawson 买了些吃的，当作明天早饭，32 公里多了。很可爱的小城，石板街，有博物馆，有咖啡厅。

遍路上想吃素食不容易，因为所有日餐的调料中，几乎都会放 Bonito 鲣鱼提鲜。

后来去了高野山，品尝到"精进料理"，寺庙里制作的精制素食，不含五辛，也不会有暗藏的鲣鱼，非常惊艳。高野山还有独创的"芝麻豆腐"，不用大豆，而是用葛根粉和芝麻制作的。与四国的芝麻豆腐不同，高野山的芝麻生的粉碎做成豆腐，口感特别有弹性。据说是怕炒熟芝麻的香气会分散僧侣修行时的注意力。

下午快 5 点，到了 Bare Guesthouse 内子晴れ叫内子晴什么的，33.86 公里，6 小时 52 分 21 秒，累计爬升 250 米，至今最轻松的一天。16 天累计 765.2 公里。我之前的最长纪录也是 16 天。

到了门口，居然有人认出我，说我就是那个疯狂的马拉松跑者。这个世界真小。

今晚住宿舍，不过我的床有个拉门，在二楼，相对有些隐私。包晚饭，没早饭，太好了，反正我要早出发，一晚 6500 日元。入住时前台说明早有个赏樱花活动，8-10 点，然后吃早饭，问我参加不？我说，活动很吸引人，但我明天有很长的路，得一大早就走。

不断有人来入住，大多不是遍路人，看到有拉拉杆箱的情侣办理入住，这里是个浪漫所在。早已忘了今天是礼拜几，时间肯定是个人为的概念。

楼下大堂餐厅也是酒吧，晚饭不错，饭后很多人聚在一起喝酒聊天。我晚饭时跟一位台湾女孩聊了聊，先是英文，后中文。她说怕我不讲中文，一直没讲。怎么会？边上坐着吃饭的是个德国女生，认识我昨天山上遇到的德国女生，说她后天才能到 Haccio Zaka，44 番和 45 番之间的住宿。原来欧洲兴小女生走遍路？什么时候也建议家里的几个娃走走，肯定有收获。

四国自然环境的不同导致农作物各异，使得各县发展出独特的饮食文化。盛产小麦的香川县以赞岐乌冬著称，乌冬面产量和人均消费量都是日本第一。德岛县的鸣门乌冬虽不如赞岐乌冬知名，但也颇具特色。德岛拉面则是四国最著名的日本拉面之一。和三盆是盛行于香川和德岛的砂糖点心，三次精制的日本黑砂糖。鲣鱼刺身是最能代表高知县饮食文化的菜肴。高知县还是日本人均酒类消费量最多的县。爱媛饮料生产的 POM 果汁则是日本销量最多的柑橘果汁之一，我总喝的不是果汁儿，而是一种不放糖的番茄汁。爱媛县的鲷鱼捕量居日本前列，鲷鱼饭也是爱媛著名的乡土料理，但没吃过，一路的民宿也没有提供过。不过总有周围一圈儿烤过的鲷鱼，里面是生的。这些名物可能在不同的民宿有品尝，但一路稀里糊涂，对于吃不挑，给什么吃什么，也不知都吃了哪些当地特产。

一大早就上床了，楼下 11 点才散。这里每到整点就敲一下钟，4 点多听到钟声就醒了。

雨下了一夜，在床上可以看到屋顶，听到雨滴打在瓦片上的声音。因为床的拉门外面就住着上下铺四人，晚上没录音，出去上厕所要蹑手蹑脚。还是一人一间更方便，大家作息时间不同，为了更好地休息，以后要尽量住单间。

16 天了，连续跑 16 天是我过去 10 年的极限。800 公里跑 16 天平均每天 50 公里搞了 3 次，每次都不是游刃有余。而这次是自补给，自导航，自负重，难度大，爬升多，身体消耗大。过了 16 天，身体什么反应，就不知道了。不过有一点，自己的极限在慢慢被延展。

明天开始，每一步都在创造自己的纪录，改写自己的生命历史。

Day 17 ｜4月16日 多云转晴转下雨冰雹
No Zuo No Dai 不作死不会死！

一座庙：44 番菅生山大觉院大宝寺

计划 39 公里

最多只跑过 16 天，今天第 17 天，从现在开始每天都在拓展自己的极限。

早晨黑咕隆咚在昨晚吃饭的大堂吃了昨天买的沙拉和草莓。

6 点 27 分出门离开内子，去九万高原，不下雨了。今天大致朝东。

沿着 379 国道，边上是 Oda River，不知叫织田河还是小田河，去 43 番大宝寺。九万高原是个好听的名字，大宝寺在九万高原。

出门几百米过一个特别高的桥，叫内子桥，出内子，这个小城挺袖珍的，基本保留了 100 多年前的风貌。内子曾经是商业中心，出产全日本最多的蜡，想象不出来，而在武士道时期，大洲是政治中心，这里是商业中心。如今 Oda 河两岸是赏樱花最好的场所，不过连着下雨，樱花都谢了。

赶路的感觉很好，人生过客，不留恋任何东西，任何事，任何人，一切都是浮云，都是体验。

路上很安静，有房子，没店。8 点 06 分，看到路对面有自助卖草莓的，300 日元买了一袋，好好吃。有草莓当补给，就不怕了。

13 公里，田野里很多村民不知在挖什么，捡垃圾吗？

一路过了好几座桥。

硬币能花就花，减轻重量。日本现金用的太频繁了，有零有整，每次买了东西，找一大把硬币，如果不及时花出去，攒一天得有好几两。如今的我减重两两计较，所以碰到可以花硬币的地方，一定跟店员说 Chotto Matte 稍等一下，拿出一把硬币，凑整数。可能因为如此，日本人数学都挺好。

喝了咖啡，倒进水袋里稀释一下，免得一下子摄入太多咖啡因。

路上看到遍路小屋，里面很可爱，快 10 点了，没有垃圾桶，攒了不少垃圾。日本垃圾分类，户外不设垃圾桶，谁产生垃圾谁自己携带。只有到了便利店和餐馆住宿，才可能找到垃圾桶。所以郊外到处是不许扔垃圾的标语，看来防不胜防。

14.5 公里转县道 380，要爬山了。4 公里有道的站的标示，估计离那里还有一定距离。

路上的良心市都是空的，没东西，太早。

果然，18.5 公里才到道的站，有厕所，可以吃东西。今天好像很特别，商店门口有 7-8 个摊位，都在烙饼。我尝了个烧饼，里面是豆沙馅儿的，买了 3 个。

到处都是精米屋。不知当地农民怎么使用精米屋。

太阳出来，开始晒了。走入山径，还有 16 点几公里到大宝寺。

发现穿凉鞋也可以走山路，这双凉鞋在香港只是路跑和遛狗。林子里凉快，有泉水，冲脚，冰镇，我的最爱。

过 710 米的真宫隧道，11 点 25 分，还有 14 公里到大宝寺。

31.5 公里，看到一个小庙，很漂亮。

路上仍然有樱花，人间四月芳菲尽，映着水稻田，粉红翠绿。37 公里，又入山径。

40.47 公里，还没到，下雨了。

41 公里，下午 1 点 55 分，到大宝寺参拜道，还要爬上去。

菅生山大觉院大宝寺正好是 88 所的第 44 番，庙的半程，挺大的一座庙。山门有两双特别大的草鞋，日语叫わらじ Waraji，几人高，不知哪里可以找到这样的草鞋，可以穿的尺寸。据说这双巨大草鞋每 100 年更换一次。

本堂大师堂离得还挺远，本堂很高，拿了手抄的 A3 纸大幅心经各种摆拍，然后爬上本堂，小心放进纳经桶。

四国的庙大师堂和本堂前面除了有钟，还有放纳札的桶和放抄经的桶，等集满了，寺庙在火供仪式上给烧了，好把遍路人的心愿传达过去。我入乡随俗，本堂大师堂放纳札，重要的庙，放手抄心经，没有多想。

这里 11 面观音是本尊，真言宗丰山派。

遇见两位遍路人，一位德国女生，一位日本男生，两个人在讲话，名字都没问。请德国女生给照了全身像，日本男生说今晚也住 Haccho Zaka いやしの宿 八丁坂。

88 所的一半搞定了，里程现在得 808 公里，早就过半了。

民宿离 44 番只有 3.5 公里，下坡，一小时之内肯定到，这里已经是九万高原町了。出山门很开心，今天太容易了。

沿着县道 12 号一路下坡，太舒服了。跑了没多远，前面有个隧道，600 多米的 Tonomido Tunnel 峠御堂隧道。犹豫了一下，走隧道呢，还是从山上绕过去？看看天色还早，体力不错，上山。

一念之差，走进未知。

隧道右侧有上山的路，有标志。沿着高草爬上去。起初，似乎有踩出来的小路，可走着走着，路越来越野，也看不清楚前面的路在哪里。我有些奇怪，别走错了吧？可这一路上来，没看到岔路口啊？！

太阳还挺高，状态也不错，继续向上吧。虽然有个声音在说，回去，走隧道。我还是义无反顾，越往前，越不想掉头。都爬这么高了，回头多烦啊。就这么纠结着，发现终于前面全部是倒下的枯树和高草，完全没路了。而我还穿着凉鞋！不行，得换鞋，万一草里有什么东西，脚受伤可不是闹着玩儿的。

于是坐下来，换上背着的粉色 Zero 越野鞋，虽然底儿是漏着的，但至少有个底儿，脚面都是包起来的。跟着感觉向上攀爬，天越来越阴，开始下雨。爬了几百米高，看见一条路，心里暗喜，原来有路。于是沿着上山的方向走到小路上，周围是很高的树。这时有东西打到脸上，好疼，什么东西？窸窸窣窣，打下来的东西滚了一地。仔细一看，居然是冰雹！搞没搞错？山上还有冰雹。一看海拔，有 700 多米了。

好不容易爬到山顶，太阳又出来了，可是下山走那条路呢？看到有车轮胎的路，觉得应该走这条，既然车能上来，我人肯定能下去。心里一直想着要下到海平面，想起香港 800 多米的大帽山，从 700 多米下山，还不得折腾出 3-5 公里？

谁知下了 100 多米，又到了岔路口。搞不清楚，选一个岔路走，三拐两拐，发现到头了，走不通。折返，走另外一条岔路。这样试来试去，有些绝望，要不，回头吧。可是，回头路怎么走？我也有些糊涂了，从哪个口下山？现在也不确定了。还是向前吧。

下到 600 多米的样子，几棵大树倒在溪流里，前面没路了！莫非走错了？我掉头，往上爬，爬到三岔路口，又试了另外一个方向。跑了几百米，发现也是死路不通。莫非鬼撞墙了？

又返回三叉路口，还是应该走中间路，跑下去，没多久，又来到溪流倒树前，又没路了。折返，三岔路口，上去，从原路返回下山可能更麻烦，因为忘了从哪个口下来的，还得下去。

4 点多了，手机也快没电了，大师，我该怎么做？定了定神，决定再下一次，如果还是没有出路，就原路返回。

很快，又来到倒着的大树溪流旁，没了轮胎印。怎么办？忽然灵光一闪，对呀，这条路堵了，车上不来下不去，可人是活的，我可以趟着溪水下去呀！一拍脑袋，怎么这么傻？！

隐隐听到山下的车声，下去肯定能找到路。不知溪流有多深，路边找了一根棍子挂着，要有金刚杖，这时就该派上用场了。一只脚伸进溪流，好凉，右手挂着"拐杖"，左手扒着树干，跨过倒着的树。两只脚都湿了，但不深。顺着溪流小心地下坡，越走，山下的车声越响。原来就应该是这条路，大概下了 100 米，看到了下山的车胎路！

我长舒口气，找到正路了！果然，跑了几步，看到了去峠御堂隧道的标示。车声开始轰鸣，不多久，远远地看到开出隧道的车辆，转出来了！

一看表，折腾了快两个小时，真是没事找事。当时要直接过隧道，也就几分钟的事儿。沿着小路左转下来，来到隧道的另一头，车源源不断地出来，我右转跑上 12 号县道的人行路。

刚才山上导航也错乱，一直说我在峠御堂隧道里，现在又正常了，离民宿还有 3 公里多。

一路小跑，沿着去 45 番的路标，过了个小镇，

到九万高原八丁板的民宿 Haccho Zaka 48.15
公里，10 小时 25 分 11 秒，累计爬升 1042 米。
已经累计 813.65 公里，过 800 公里了，才 17
天。

原来民宿在半山上，海拔也有 544 米，我这才反应过来，刚才在山上一直找路不敢
趟溪水的一个原因，就是觉得要下到海平面，得有 3-5 公里，不能错。早知道再下几十
米就到，就不会来回找路，直接过河了。吃一堑，长一智。

民宿很大很好，住在二楼一上楼的房间，对面就是山和公路。这里包早晚饭，一晚
7480 日元。

楼下的风吕有人用了，工作人员开了另外一个风吕，等半天，终于水放好，可以泡
了。泡泡压压惊，越想越后怕。

晚上吃饭，人还挺多的，日式，要盘腿坐。电视里说下午这里下冰雹了，大家你看
我，我看你，似乎不信。我赶紧举手，本当にそうです！（真的没错！）稀里糊涂中，
足立先生应该在不远处吃晚饭。

洗了衣服，发了脸书，警告大家不要走山路，直接过隧道。Scott 马上隔空附和，
他明天坐车到 44 番，然后从 44 番走下来去 45 番，一定走隧道。

回想下午的遭遇，出了一身冷汗，当时脑子进水，真是不作死不会死，下次迷路，
一定要记得原路返回，成本最小，代价最低的无风险操作。切记，切记！

Day 18 │4 月 17 日 多云转晴
还是要戒咖啡！

7 座庙：45 番海岸山岩屋寺-46 番医王山养珠院净琉璃寺-47 番熊野山妙见院八板寺-48 番清泷山安养院西林寺-49 番西林山三藏院净土寺-50 番东山琉璃光院繁多寺-51 番熊野山虚空藏院石手寺

计划 43.2 公里

下了一晚上雨，早晨 6 度，打开阳台门，有点儿冷。

今天打算不喝咖啡了，从第 12 天喝咖啡开始，几乎每天都喝，一个礼拜了，不想上瘾。身体也在逐渐适应，嘴上的泡基本退了，每天中午的犯困也见好，所以影响深度睡眠的咖啡要戒了。

不知为何，这条路上跑了 17 天，特别有小时候的感觉。能吃能喝能睡，醒着几乎都在动，这难道不是孩提时的状态吗？

今天有 6-7 个庙，离开人烟稀少地区，开始重返繁华。

6 点开饭，在餐厅吃了早饭，煮鸡蛋，小菜，味增汤，米饭，香蕉，Yakult 益力多，茶。

6 点 27 分离开 Haccho Zaka 去 45 番岩屋寺，门口民宿主人和昨天大宝寺遇见的日本遍路人一起合影，告别，他们给我加油。

44 番到 45 番 9.3 公里，民宿这里过去山路 5.5 公里。

没走山路，沿着 12 号县道下去，跑了 6.5 公里右转上山，看到 45 番岩屋寺的路标，不到一小时。

到山门 7 公里多，7 点 29 分，还要徒步 18 分钟，岩屋寺在山上，好多台阶。7 点 47 分，才到达 45 番海岸山岩屋寺，海拔 540 多米。这个庙没有院名，很奇怪。

据说大师在此修行过。山上有雾，都是石壁。各种罗汉，过一座红桥，气场超好。

寺庙建在这么高的岩石上，怎么修的？

传说空海大师云游至此山，遇见一位充满神通的女子法华仙人，她皈依空海，把整座山献给他。空海大师以当地的树木和岩石各刻了一尊不动明王，木像为庙里的本尊，石像则被封在岩窟中，整座山视为本尊，这里是真言宗丰山派。

东西放下，爬台阶去大师堂和本堂，去看木头刻的不动明王本尊。

纳经所的和尚告诉我一直爬上去，就可以去 46 番了，离这里 25.8 公里。

又是一路爬，岩石那里 617 米高，大概里面封着大师刻的不动明王？8 点一过，爬到 694 米才开始下降。到顶时还遇到住同一民宿的日本遍路人，他从山路过来要下去岩屋寺，跟我说从这里可以去酒店 hotel。我没明白他什么意思。

都是山路，路上泉水泡脚，很舒服。遇到澳大利亚女孩，她昨天也住 Haccho Zaka，什么都没背，刚出发的样子。快 14 公里，从 45 番绕回来，经过民宿，我这才恍然大悟，原来从 45 番去 46 番还要折返，怪不得人家都轻装，把东西放在民宿。我这土，连功课都没做就上路。不过也好，不然回民宿再吃吃喝喝，不知何时才能继续？！

9 点 39 分，15.7 公里，看到 Tonomido 峠御堂隧道，吸取昨天的教训，没上山，5-6 分钟就跑过去了。出来到昨天迷路的上山路口看了看，好像也没哪里走错，左转上山，右手直行是去 44 番大宝寺。算了，不纠结了，就当鬼撞墙。

今天的路先是西条九万线，然后是土佐街道，19 公里又变成松山街道。不知为何这里的路叫街道？

20 公里，在一个卖家具的地方买了盒饭，还买了油炸蔬菜干。坐在后面进出货物的台阶上，吃了东西。

24 公里右转上 440，也叫土佐街道。25-26 公里，走在山里，46 番净琉璃寺在山上。

一路没吃的，到松山了，34 公里又上了松山街道。

34.4 公里，下午 1 点 06 分，才来到 46 番医王山养珠院净琉璃寺，这里也是真言宗丰山派。敲了钟，见钟就敲。纳经所送了我御接待 Osettai 橘子，雪中送炭，解渴好吃。

净琉璃寺取自药师如来的别名瑠璃光如来，寺内有超过千年树龄的圆柏，据说是空海大师亲手种植，是人们祈求长寿和丰收的地方。寺内还有祈求足部健康和交通安全的佛足石，和祈求增进智慧和技能的佛手石，各种宝物聚在一起。

终于又重回寺庙密集地区，松山是个大城市。阿波舞、夜来祭、新居滨太鼓祭、松山祭合称四国四大祭。松山祭一连三天，以棒球拳舞踊最为吸睛。阿波舞是日本三大盆舞之一，有四百多年的历史，德岛的阿波舞最为有名，完赛后在德岛站前公园近距离体验了。

才 1 公里多，一点半，就到了 47 番熊野山妙见院八板寺，属于真言宗醍醐派。寺内有龙吐水，阿弥陀如来是本尊。也敲了一下钟，喜欢听回音。庙里纳经所的女生给了我一袋巧克力当御接待 Osettai。

相传 701 年，伊予的国司越智玉兴在此建寺，开辟了八条坡道，寺名也源于此。这里曾因是"修验道"的道场而十分繁盛，后来着火又重建，规模也因此变小了。大部分修验道的修士都在山野之间居无定所，修验道的法脉大致分为真言宗的当山派和天台宗的本山派。圆珍的信徒后来从天台宗分离出来的寺门派，就主张还要练修验道，圆·密·禅·戒·修验五法门。而留在比叡山圆仁的山门派，则提倡圆·密·禅·戒的四宗兼学。

47 番到 48 番有 4.4 公里，肚子饿了，但除了 45 番和 46 番给的御接待，一直没看到便利店。

39 公里终于看到 FamilyMart，坐下来吃了豆腐，包子，喝了草莓酸奶，胃口超好。下午 2 点多了，才吃第一顿。出来，40 号松山东部环状线，过了一个大桥。

下午 2 点 37 分，41 公里到了 48 番清泷山安养院西林寺。

这里本尊 11 面观音背朝外安奉于本堂，许多香客会转到本堂的后面参拜。本堂右手边的"阎魔堂"前有"亲竹"和"子竹"，据说可保佑家庭圆满。

48 番离 49 番 3.3 公里，49 番西林山三藏院净土寺在一个小巷子里，找了半天，到时 44 公里。3 点 24 分，似乎进城了。

净土寺因边敲鼓边念佛的民间净土宗先驱空也上人（903-962）曾在此修行而闻名，他是醍醐天皇第二子，年少出家。空也离开时，在寺内刻了一尊空也像。不过这里本尊是释迦如来，有佛祖的脚印。

　　49 番到 50 番繁多寺只有 1.8 公里，路过好多坟地才上来，似乎又出城了，46 公里，3 点 54 分，到 50 番东山琉璃光院繁多寺。本尊是药师佛，敲了钟。可以看到松山全景，纳经所的人听说我是徒步遍路人，一反低头给别人盖章的无趣，抬头跟我聊了聊，露出微笑，一边用吹风机烘干了纳经帐递给我。

　　今天的 46 番到 51 番都在松山市，松山是四国路上非常大的一座城。

　　传说 729 年，行基菩萨在此开基立寺。1288 年，时宗的开山祖一遍上人（1239-1289）曾云游至此，并奉纳经典。这里的圣天堂供奉着"欢喜天"（一种守护神），能保佑夫妇和谐、生意兴隆以及考试过关。人民群众对神的需求与时俱进，以适应世俗生活的需要。

　　今天最后一座庙是 51 番石手寺，离 50 番 2.8 公里。道后温泉在 51 番石手寺边上，是日本最古老的温泉，在不少文学作品中提及，不过估计到了也没力气再走两公里去泡澡。跟着 Google 导航走到 51 番熊野山虚空藏院石手寺的后门 49 公里，下午 4 点 39 分。进去走到前门，也有两双巨型草鞋。庙很大，有三重塔，国宝级的仁王门，还有个 51 番食堂，咖啡，酒，抹茶，冰激凌，荞麦面，乌冬面，据说烤馅儿饼 Oyaki おやき最有名。

　　传说 892 年，卫门三郎转世，有个婴儿手握"卫门三郎再来"的小石子出生，后来小石子被供奉于此，寺名也改为石手寺。这个孩子长大以后做了许多善事，可谓"起于恶，终于善。"

　　民宿离 51 番不到 1 公里，山上可以看到修行大师的塑像，很高。路上遇到跑步的 Yuji，他看到我跑四国非常惊讶，合影留念，脸书互相关注。快到住宿时，又碰到一位开车的女子，停下来跟我聊了聊。

到住宿的松山青年旅馆 50.92 公里，10 小时 48 分 44 秒，累计爬升 979 米，里程又超出 20%，庙多的缘故。已经累计 864.57 公里了。

住的 Matsuyama Youth Hostel 松山ユースホステル，松山青年旅社就在石手寺的山背后 900 米，居然在 Hostel 旅社又遇见刚才那位开车女子，她叫美纪，美纪把坐在书房沙发里的大统领介绍给我。他们不知练什么功，反正美纪跟我说半天瑜伽，Kundalini 昆达里尼，二次元等玄学。她是个护士，现在主要在救护车上工作，一个礼拜 3 天。她说这里的大统领，也就是总经理，特别注重人与自然和谐，擅长金银大法去痛。这个旅馆有四层楼，强调环保，大概与大统领的理念有关。

我累了，身上该痛的都痛过了，不需要金银大法了。他们说什么，我就微笑地听着，到晚饭时间，大家才散。

住 4 楼，3 楼洗了衣服，2 楼洗了澡，1 楼吃了饭。有各种米饭，很好吃。左边隔几张椅子坐的应该就是足立先生，但我没特别注意到，只觉得那人很会吃，还专门点了套餐以外的什么东西。后来见面他说在 Haccho Zaka 也看到我，原来两个人也见了四面。

总觉得膳食纤维不够，所以便利店只要看到沙拉就买，这里的晚餐有自助沙拉和谷物杂粮，连吃好几盘。我基础代谢 1200 大卡，消耗 3000 大卡，每天需要 4000-5000 大卡的食物才能保证能量供应，持续高强度运动 14 天以后，每天能量需求可能到了 6000 大卡。然而吃的东西热量不够高，总是处于饥饿状态。以至于孩子爸到了，看我一直吃吃吃，如此不忌口，大为惊叹。

可就拿出这样牛吃草的力气，体重还是降到 46-7 公斤，比平时少 2-3 公斤。后来读了些文献，超过 14 天的超马多日赛，每天能量补给是平时的 3-6 倍，一般人都做不到，吃不下去，就算能吃下去，身体也消化不了这么多额外的能量，需要时间适应。结果先燃脂，然后烧肌肉。看着扁平的小腹，生五个孩子顽固的脂肪终于全部烧没了。肌肉流失多少，不敢想了，回去要猛练力量。

这里只有晚饭，因为明早走得早，没要早饭，前台小姑娘听说我是遍路人，又退了好多钱，一晚也就 3500 日元。

房间居然不是榻榻米，有一张床。让前台小姑娘帮寄了包裹，把不用的东西寄到后天入住的善通寺大酒店。

整个 4 楼一层就我一人，遍路两周多，人已经离群索居，但并不觉得孤独，身心重塑的过程，不断带来惊喜。

明天两座庙还在松山市，以庙计算，一个城市有 8 座庙上榜四国 88 所，也属独一无二了。

Day 19 | 4 月 18 日　晴转多云
买瓶水，喝两口，奢侈地倒脚上了。

两座庙：52 番泷云山护持院太山寺–53 番须贺山正智院圆明寺

计划 43.3 公里

一大早又洗了个澡，泡了脚。泡澡对于恢复特别有效，所以抓紧时间寻找一切机会泡。出发前就研究和实践冷热治疗 cold and heat　therapy，主要用于运动恢复。没想到四国的温泉泡澡文化，让 heat therapy 成为生活方式。每次泡完澡，我都会冷水冲凉，有时还局部跳进冷水池，作为 cold therapy 的一部分，主要泡脚。

高度怀疑四国的泡澡文化起源于唐朝杨贵妃钟爱的"温泉水滑洗凝脂"，空海大师在四国开发了不少温泉，如 6 番安乐寺和 23 番药王寺，莫非从白居易《长恨歌》获得的灵感？这里家家民宿都有 Ofulo 风吕，日语浴缸的意思，大的小的。当然一般用自来水，主人会放入浴盐或各种草药。大一些的住宿则有大一些的风吕，有些特别的风吕是温泉，有浓郁的琉璃味，真的是天然温泉，诸多疗愈效果。所以，碰到天然温泉一定不能错过。基本每天一泡，有时一天两泡，尽可能放松肌肉，疗愈日复一日高强度运动带来的"创伤"，尤其对于双脚有疗愈效果。脚是此次旅行的"重灾区"，全靠他们了。

这个青年旅馆似乎有各种浴，但没人 offer 怎么付款。只洗了一般的。

下楼，看到自己的包裹放在前台不远的地上，前台小姑娘已经在厨房忙碌了，她昨晚做的饭很好吃，第一次有各种不同颜色和组合的米饭。

来不及吃早饭，跟她打了招呼，说声再见，拜托 Nimotz 荷物にもつ的运送。

6 点 15 分出门左转去 52 番太山寺，从 51 番去 52 番有 11.2 公里，从旅馆走大概 10 公里多。沿着县道 187，不到两公里就有一个 Lawson，吃了早饭，喝了乳酸菌。现在根本不忌口，每天超大运动量，吃什么都给烧了。身体仿佛回到少年时代，胃口超好，吃什么也基本不上头，一沾枕头就着，原来要这么努力才能让身体有"返老还童"的感觉？

4 公里左转上小路，一切顺利，状态很好。10 公里多左转上了一条更小的路，山间了。刚才路标说还有 1.2 公里就到 52 番。有些犯嘀咕，这里应该右转吧？继续向前，一直走到没路可走，如果上山，就是满山的橙子园。觉得不对，又不甘心，继续前行。8 点 40 分，沿着野路上山，顺着一个收获的什么轨道爬上去。

有了大宝寺出来爬野山迷路的铺垫，我现在胆子越来越大。山顶很漂亮，心情还挺好，反正知道也不会丢到哪去，人们种橙子，得上下采摘施肥什么的，肯定能上去。

下山也没路，还是沿着轨道下来。右拐左拐，9 点 11 分，又回到离 52 番还有 1.2 公里的路标，果然，又犯了不愿回头的执拗，半个小时，多绕出 3 公里！

这次右转，这一绕，13 公里才回到正路上。

还有 570 米，还要爬，每座庙都千辛万苦的感觉。

9 点 23 分，14.19 公里到了 52 番泷云山护持院太山寺，本尊 11 面观音，庙好高，到山门，还有爬升，走了 14 分钟才来到大师堂。迷路犹如鬼撞墙，起个大早，赶个晚集。

传说公元 586 年，大分县的真野长者航海途中，在此附近遇到暴风雨，他祈求观音菩萨保佑而躲过海难。为了感谢观音菩萨，他花了一晚上时间，在此建了一座庙。太山寺的本堂是爱媛县最古老的国宝级建筑。这里是真言宗智山派，据说空海大师晚年天长年间（824-834）来过这里，把法相宗改为真言宗。

52 番到 53 番只有 2.7 公里，还是下坡。

17 公里多在一个便利店坐下来吃东西，把出门穿的 Zero 粉鞋换成凉鞋。每天除了鞋的轮换，还有鞋底塑胶贴的变换，尽量让脚使用不同肌肉，避免重复使用受伤。

10 点 25 分，18 公里到 53 番须贺山正智院圆明寺，本尊阿弥陀佛。一进门左手就是大师堂，有大师头戴斗笠拄杖托钵的雕像，大师堂都会有弘法两个字，这里大师堂天花是好几十张以花为主题的市井画拼成。

此寺因 1921 年芝加哥大学教授斯塔尔发现最古老的铜板纳札而闻名，那是 1650 年的纳札，当时"名片"要钉到庙里，所以叫纳札。大师堂左侧有玛莉亚观音像，还有天主教灯笼，大概是遍路上唯一一座佛教和基督教兼容的寺庙。

53 番到 54 番有 34.9 公里，今天到不了了，明天再说。

一路向北，19 公里向东。马上 21 公里，在一个 FamilyMart 补给，又快到濑户内海了。

11 点 11 分，不到 22 公里，347 号县道绕到濑户内海边上，路过冬梅小笼包，可惜没开门，很久没吃中餐了。

海边还是漂亮，这条路一直走就到住宿的 Masuya 旅馆ますや旅館，但还得 27-8 公里。

11 点 36 分，路过北京饭店，是个餐馆，但没开门，看来是饿了。

26.5 公里，7-11 终于现身，进去吃东西，解决内需。买了瓶水，出来喝两口，奢侈地倒脚上了。900 多公里了，脚真心痛。这大热天的，在公路上，没水，只好败家。

从 7-11 出来，路过铁轨，正好铃响，火车挡路，小火车真可爱，原来四国的火车这么小，就一两节车厢。

沿着公路上山，边上一条小路去一个远看特别美的神社。我没下去，怕走错路。不过远远地，看见一位白衣遍路人走在乡间的小路上，进神社参拜。太阳好热，没遮没挡的，继续前行，那条小路原来是可以爬上公路的，又看到那位白衣遍路人了，他从小村子里出来。我在他后面 7-80 米，他脚步挺快。

下午 1 点 18 分，30 公里的样子，我追上他，原来是大里先生！上次见还是在去 38 番的路上，他折返去 39 番，这些天他速度不慢。第一次遇见是我的第 12 天，他的第 18 天，今天是我的第 19 天，他的第 25 天，花了 7 天才追上。两人都特别开心，他给了我一个棒棒糖，我给他一袋巧克力。第二次遇见，有缘分，互相打气，我知道此地一别，再见的可能性就不大了。天热，跟他说，我先跑下山去，挥手告别。

34 公里，左转上 196 国道，又回到海边。39 公里多进了一个 FamilyMart 吃东西，上厕所。出来，看见大里先生也到了，第三次遇见。他说太热了，去便利店找些冰，这脚程，真够厉害的。我说，那这次真的再见了！

一路的便利店，总是看见四国的不同银行，有阿波银行（德岛县），四国银行（高知县），伊予银行（爱媛县），百十四银行据说是香川县的。因为提前取了现金，没用这些银行的服务。

2 点 18 分，在一个卖水果的小店买了两个橘子，分了一半给一位坐在椅子上休息的 Henro san 遍路人，连他的脸都没怎么看清楚就继续了。

40 公里，过菊间大桥，路上好忙。应该到今治市了吧？一天有时经过好几个城市，没太注意。每天穿城一般都是 1-2 公里，然后就又到了郊区。

3 点 20 分，大概 42 公里，看到 Solato 太阳石油冒烟的工厂，好大的厂区，好奇怪的建筑，这让我想起儿时家乡的葡萄糖厂。

今天迷路迷的，以后不敢按照遍路的指示了。但因为迷路，居然 30 公里碰到大里先生，也算冥冥之中，只能说明一切都是最好的安排，接受经历的一切就没有纠结了。

沿着县道 196 跑跑停停，3 点 50 分，路边有御接待，橙子，感谢，没停，离住宿不远了。住的民宿就在 196 路边，找了一下才推门进去，下午 4 点 40 了。

49.5 公里 10 小时 25 分 25 秒，累计爬升 493 米，到了 Masuya Auberge, ますや旅館。这里是一对年轻夫妇开的，包晚饭，没早饭，一晚 5500 日元。网传里程 824 公里了，而我已经累计跑了 914.07 公里。

里面很安静，房间在二楼，挺大的，有两个榻榻米，中间铺着个地毯，灯不知什么毛病，一打开就支支响。

明天短，打算 9 点再出发。

今天住的民宿总是跟第 14 天 4 月 13 日入住的 Kameya Ryokan かめや旅馆混，不一样。 这里属于今治市，而かめや旅馆在爱南町。

晚饭很丰盛，各种鱼，也不知吃了什么当地土产。隔壁住着一位日本遍路人，两人一起晚餐，聊了聊各自的里程和明天的计划。这里离 54 番还有 4 公里。

饭后打电话把 22 号民宿青空屋加一个人，孩子爸提前一天到，说了半天日语，好不容易搞定。

是否取消 Henro House Yado Tek Tek Inn？改订野田屋？在考虑第 26 天的住宿，定的 Henro House Yado Tek Tek Inn 离 88 番有些远，野田屋近一些，可野田屋预定只到下午 4 点，今天晚了，明天再打电话吧。亏了一路的住宿大多提前订好，每天到店再想着明天住哪里，太累人了。

好好休息，已经看到终点了。

Day 20 |4 月 19 日 多云
半个橙子的缘分

6 座庙：54 番近见山宝钟院延命寺-55 番别宫山金刚院南光坊-56 番金轮山勅王院泰山寺-57 番府头山无量寿院荣福寺-58 番作礼山千光院仙游寺-59 番金光山最胜院国分寺

计划 15.7 公里

今天休息等孩子爸，他还有四天到民宿青空屋所在的观音市。我得悠着点儿，这两天减少里程，否则他到了，就该结束了。

只有 15.7 公里，基本唱着歌就可以搞定，应该不会迷路吧？

白天可以逍遥逛庙，再找个地儿吃顿饭。淡定，遇事不慌，接受发生的一切。

早晨在旅馆歇着，整理内务，准备些纳札，写上名字和地址。今天有 6 座庙，写了 12 张，8 点 42 分才跟男主人告别，隔壁的老头一大走就出发了。

出门右转，在县道 196 上不到 500 米，就有一个 FamilyMart，进去吃了早饭，喝了乳酸菌。现在每天有早饭就吃，什么 8 小时吃饭，16 小时断食之类的奢侈全都不顾了。体力消耗太大，每天都饿得要命。即便来者不拒，身体还是呈现赤字状态，体重一直在降就是证明。

9 点 40，4 公里到了 54 番近见山宝钟院延命寺。昨天从 53 番圆明寺挪动了 36 公里，终于 40 公里之后，千辛万苦到了，可这里的钟却给锁上了。

山门据说是原来今治城的一个门，明治初期，今治城被破坏，门挪到这里，门外鲜花盛开，54 番在今治市西北 6 公里。

大师堂和本堂拜了拜，本尊不动明王，这个不动明王很特别，戴着盔甲，从烈火中屡次逃生，叫火伏不动尊。

延命寺是真言宗丰山派，720 年由行基菩萨开基，当时香火很盛。战国时代动荡不安，传说兵士战乱中在此争夺梵钟，而梵钟自行沉入海底。后来空海大师奉嵯峨天皇之命，将这里改为修行和学习的道场，并取名不动院·圆明寺。可因为叫圆明寺的庙太多了，比如 53 番，江户时代改为延命寺。

54 番到 55 番 3.7 公里，10 点 55 分，经过一大片坟地，才到 55 番别宫山金刚院南光坊。这里的本尊是大通智胜如来，传说他的第 16 子后来成为释加牟尼佛。四国遍路唯二不叫寺的庙一个就是这里了，另一个是 68 番神惠院。据说 703 年有 8 个庙迁到这里，其中包括南光坊，统称光明寺。后来战国时期，8 个庙都给烧了。大概 1600 年，有个武将叫藤堂高虎 （1556–1630），做了今治的大名，要重修光明寺。但建 8 座庙搞不定，就重修了南光坊，所以这个名字就一直延续下来。不过 55 番的全名是光明寺·金刚院·南光坊，简称南光坊。

55 番本来是濑户内海上大三岛的伊予一宫，祈求航海安全的大山祇神社的辅佐神社。后来空海大师将其改为佛寺，现在是真言宗醍醐派，边上的大山祇神社别宫也很帅。

到南光坊之前的坟地巨大，分区，里面走了好久才出来。遍路让人走大片坟地，也是要人们体验死亡。其实 88 所也叫 88 灵场，埋死人的地方。

空海大师建立的高野山道场，其奥之院就是世界上最大的坟地，是日本人最希望被埋葬的地方。从一之桥到御庙约两公里的参道旁，耸立着至少 20 万座墓碑、供养塔、慰灵碑等。日本从古至今，有头有脸的人都想死后在高野山占一席之地。在遍路上，生与死的界限已经模糊不清。遍路人的白衣其实也是死人装束，一身缟素。

11 点 40 分，3.1 公里到了 56 番金轮山勅王院泰山寺，很快。泰山寺看着很现代，本尊地藏菩萨，也是真言宗醍醐派。

顺着象是新修的台阶走上去，有人跟我打招呼，不认识，他说"橙子"。昨天路上恍惚中给了坐在路边的遍路人半个橙子，大热天的，可并没有看清他的相貌。他瘦瘦的，一脸灿烂的微笑，自我介绍，叫 Midonei 平野，感谢昨天的橙子。我问他今晚住哪里？他说 58 番仙游寺。我说我也是，那就宿坊见。两人自拍合影，告别，晚上还会再见，看来缘分不小。我出发去下一座庙，奇怪，他是怎么认出我的？

56 番到 57 番 3.1 公里，周围什么都没有，饿了。路上各种箭头标识清楚，十二点半到了 57 番府头山无量寿院荣福寺，庙里有大师托钵塑像，本尊阿弥陀佛。

传说空海大师云游到 57 番附近，听闻邻近海难事故频发，就在府头山山顶进行护摩祈祷，进行护摩的最后一天阿弥陀如来自海中现身，大师便以阿弥陀佛为本尊在此开基立寺。在本堂的两侧有代表释迦牟尼开悟的印度寺院佛足石复制品，佛祖的金色足迹，足底各种圆形和鱼型雕刻。

57 番保存了最古老的纳经帐，是 1800 年一位九州来的遍路人，花了 3 个月时间才走完遍路。如今我不到一个月就要搞定遍路，着实太生猛了。

纳经所的人给了张地图，说去 58 番的路在修，不能走遍路小径了。

57 番到 58 番仙游寺本来 2.5 公里，现在得沿着公路走，有很显眼的改路记号，非常顺利。寺庙在 255 米高的山上，我爬得很痛快，每天遛狗都得爬这么高。居然超过昨晚住隔壁的日本遍路人，他一大早就出发了。看到我，惊呼，你好快呀！我说，山顶见！

一点半 19 公里就到了 58 番作礼山千光院仙游寺，寺里居然有不少人。庙前有御砂踏灵场，88 所主尊的石像围着空海大师像一圈儿，据说每尊石像的脚底都灌着各个寺庙的砂子。所以在这里祈祷一下，就一锅烩了。

传说有位叫阿坊仙人的僧人在这附近住了 40 年，建了七座庙。718 年，突然消失得无影无踪。寺名就是从阿坊仙人而来。

仙游寺 7 世纪末由伊予的大守越智守兴开基。相传本尊千手观音像是由一位来自海上的龙女一刀三拜，虔诚地刻成。平安时代（794-1192）初期此寺已荒废，直到空海大师云游至此，修复了荒废的七座庙，还在这里挖了口井，治好了很多百姓的病，仙游寺才再度兴盛起来。

以为太早，还不能入住。没想到在大师堂纳经时说可以办理入住，入住手续和纳经在同一个地方。英文很不错的老头签了纳经帐，给我看了一张纸，说明住宿注意事项，房间自己去找，叫"不动"，温泉四点半才开。

这里叫仙游寺宿坊创新舍，早晚饭在内 6500 日元。预定时，那老头一再叮嘱，不要取消，因为庙里要准备吃的喝的，我答，从不爽约，I always keep my reservation.

摸上二楼，太早，一个人都没有，一般宿坊都是下午 4 点才准入住。挨个门找"不动"，大概是不动明王的简称，房间在走廊的中间，很简单的日式，窗外就是山，景色宜人。门外有茶水，房间内有点心和巧克力。放下东西，决定一路跑去 59 番国分寺，这样可以给明天减负，回来正好泡澡。

1 点 40 分，从 58 番出来，轻松下山。快到平路，遇到平野先生气喘吁吁上山，告诉他先跑去 59 番，一会儿再坐车回来，晚上见。下山不久就拐上大路，到 59 番有 7 公里多，在很繁忙的公路边跑。路上看到一家药妆店，买了三个橘子，还有一大袋米饼 rice crakcer，没看到便利店，药妆店里也没什么可吃的。

今治这个城市比较破旧，散落在各个角落的庙宇是亮点。

一路跑，也就一个来小时，到了 59 番金光山最胜院国分寺，药师佛是本尊。27 公里，5 小时 57 分 37 秒，累计爬升 357 米，最短的一天。已经累计 941.07 公里了。

59 番是真言律宗，挺特别的，里面有握手大师雕像，一反斗笠，金刚杖和托钵的形象，大师左手拿的像是个药罐，右手作握手状。59 番还有一个药师佛的药罐，据说哪里不舒服，祈祷一下就管用。这个庙 741 年，由行基菩萨开基，据说空海大师在这里停留了很久，对着五大明王的画像修行。他的弟子真如也在这里修行了两年。

庙里很快转一下，请纳经所的和尚叫了出租，不一会儿车就到了，开车的是位老先生，很客气。跑过来一个多小时，车回去也就 20 分钟，回到 58 番才三点半，天还大亮着。

在二楼的会馆 Dojo 看到平野先生，风景不错，他好像在拉伸。我问他这里是不是练空手道的，他说是。两个人再次见面很开心，聊了聊路上的经历以及明天的行程，俨然多年的老朋友，约好了一起吃晚饭。

窗外郁郁葱葱，庙在山上，远处可以看到城市，风景独好。楼下有只藏獒一样的狗，在阳台上嗷嗷叫，我打开窗户跟打招呼，他叫得更凶了。

不到四点半去泡澡，就我一个人，很爽。然后跑到本堂问签字盖章的和尚如何洗衣服，反复两次，他很耐心，放下盖章的遍路人，陪我左拐右拐来到后院的洗衣机前，放 200 块日元洗，但他怎么突然不讲英文了？我大概把他和接电话安排我入住英文很好的老头混了。

一直想改第 26 天的住宿，定了 87 番边上的 Henro House Yado Inn Tek Tek，但离 88 番太远，怕第 27 天的里程太长。而且 Henro.org 网页上说那个 Henro House 暂时停业，也搞不清楚真假。野田屋离 88 番很近，更理想。知道 87 番到 88 番之间的住宿很少，野田屋是为数不多的几家。5 点钟的样子才想起来给野田屋打电话，那边说过了预定时间明天再打过来。我告诉她，明天要去神峰寺，路上可能不方便。她讲，今天没法预订了。有些失望，看来没有缘分。算了，不行就住 87 番边上，碰碰运气吧。

晚饭很一般，就是盒饭，与平野和足立先生坐在一起闲聊，饭厅里还有几位客人，有一对欧洲来的情侣。足力先生胖胖的，花白头发，说之前在好几个民宿见过我。平野先生瘦瘦的，跟足力先生坐在一起特别象说相声的一对。

厨房里的姑娘饭前出来告诉我们怎么冲味增汤，就消失了。本来想买包方便面，但厨房里没人。后来想找人叫明早 6 点 15 分的出租，也不成功。平野先生帮我打了一个出租电话，但人家说仙游寺太远，明早来不了。还是足立先生经验丰富，他查了黄页找到 58 番适用的出租电话，平野先生再次打过去搞定。我录下他叫出租的"盛况"，作为学习资料，以后自己叫出租好知道怎么说。

出门在外，帮助别人也同样会得到帮助，非常暖心。

明早 6 点本堂开始早课，六点半才能吃饭。我说没事，我先来吃饭，然后带着包去念经，中途早退。

晚上二楼的狗叫了几声，那只狗真大，不知谁养的，一有动静就叫唤。

仙游寺的宿坊风景很美，山不在高，小庙也很安静有灵气，10 来人入住。

这个庙住的好，好好休息一番，身体和精神又放松不少。

Day 21 ｜4 月 20 日　有雾转多云转晴
野田屋居然打来电话

5 座庙：60 番石铁山福智院横峰寺-61 番栴檀山教王院香园寺-62 番天养山观音院宝寿寺-63 番密教山胎藏院吉祥寺-64 番石锤山金色院前神寺

计划 42.7 公里

早上起来，大雾。收拾，6 点不到准备停当，拎着包跑到餐厅，居然早饭便当都摆在那里了。我二话不说，拆了一个就开吃，没有冲泡味增汤，怕烫。三口两口吃了，中间足立先生还探头进来看了一眼，我朝他招招手。

6 点准时排队进本堂，拎着凉鞋，放在门口，进庙堂都是要脱鞋的。趁机把大里先生给我的棒棒糖塞给了平野先生。路上总有人给御接待，有时是遍路人间的"互赠"，有时是庙里纳经所的小点心，有时则是当地群众的给予。给的东西有些我能吃，有些我不吃，有些需要，有些不需要。但遍路人对于别人的御接待，是不应该拒绝的，因为据说是给予者积累功德的机会，自己走不了遍路，但支持别人走，也有功劳。慢慢地我的做法就是全盘接受，然后"转赠"，三方都高兴，何乐而不为？

参加仪式的人还真不少，看到一对夫妇站在门口，微笑着等我们进本堂，他们不是住在庙里的遍路人。一位穿着很繁盛的和尚在本堂内准备早晨的仪式，突然走到我面前问，时间上大丈夫（还可以）吧？我大吃一惊，原来就是昨天让我烦了两次教我洗衣服的和尚！

他开始念经，听不懂，知道念到心经了。平野先生带头，从一个小的碗里取了几颗香草的种子放在头上，然后又放到一个大罐子里。我跟着做完这个动作，就一个人偷偷溜出来，出租到了。什么时候可以好好在庙里闲下来呢？

大雾，司机是个老头，沿着昨天下山的路，很快就把我送到 59 番国分寺，司机提前左转再右转，离 59 番大概 100 米有个 FamilyMart，昨天走另外一条路没看到。

在药师的药罐子前认真地拜了一番，然后开表，去 60 番横峰寺，早晨 6 点 36 分。

今晚要住一个温泉民宿，汤之谷。得好好享受一下，越来越有度假的感觉。赛前为了住今晚的温泉宿，改了好几次路线。

54 番到 59 番这 6 座庙都在今治市，60 番就到西条市了。59 番到 60 番有 27.7 公里。基本向南，据说 60 番横峰寺也是一个难所。经过烧山寺的一惊一乍之后，对于群众传说的难所开始不重视了，因为真心不难。

3 公里多上 196 国道，8 公里多路边有个 Lawson，终于可以大吃一顿，买了一个橙子大的昆布高菜明太子饭团，三口两口。上了厕所，解决内务。

快 17 公里，左转下来上县道 142。这条路上很美，路边金黄的油菜花，河面架着石拱桥，俨然江南春色，似曾相识。

11 点 10 分，路过京屋旅馆，火柴盒一样的房子，没人，对面是王子神社，开始爬坡了。

23 公里路过一个大湖叫黑濑湖，先绕着湖上坡，湖的璀璨一直在眼皮底下。随着湖的影子逐渐缩小，雾散了，没完没了爬 700 多米的山。

12 点 06 分，看到山泉水，顺着管子流下来。太热了，喝了几口，清凉甜美解渴。四国能喝的山泉水一般从竹管流出来，注明水大师，有时边上还有接水的木勺。

12 点 40 分，来到一个岔路口，左边去停车场有 1.5 公里加 0.5 公里徒步；右边 1 公里徒步到横峰寺。右转，沿着水泥小路上去。

爬了 15 分钟，离横峰寺 100 米的时候，电话响，一看是日本号码，怕是预定的民宿有变动，接了，居然是野田屋！有个好听的女声说昨天没有预定成功，今天电话打过来确认日期和人数，并告诉我总价钱好像 29000 日元。跟她说话的同时，有两位游客从庙里下来，对我说辛苦了，我告诉电话另一头我快到横峰寺了，那边说加油。预定成功，原来跟野田屋缘分未了。

横看成岭侧成峰，31 公里，到了 60 番石铁山福智院横峰寺，下午一点。撞了钟，回响在山间。这里本尊是空海大师刻的大日如来座像，属于真言宗御室派。本堂前方左侧有星供大师雕像，左手拿着星供卷轴，右手持剑。横峰寺海拔 750 米，虽然属四国难所之一，但觉得不难。

横峰寺南方的石锤山是空海大师年轻时修行的地方，他在《三教指归》里，记述了在石锤山苦修的经历：有时食物没了，必须断食。石锤山最高峰 1782 米，西日本最高，这次不顺路，没去。不过 60 番的纳经所，也同时管理石锤山山顶石锤神社的庙务。冬季 12 月到第二年 2 月，往往会封山。

庙里没什么人，来回转了转，拜了拜，纳完经，就下山了。

60 番到 61 番有 9.8 公里，向北折返，在一个地方左转下山，山路指向香园寺奥之院。山上跑了 4-5 公里，没有直行去奥之院，而是右转，沿西条车站方向下山。60 番就已经属西条市了，61 番下来到了西条市郊区，没什么印象，四国的市其实都很小，除了德岛，松山，高松，高知等大一点儿的城市，其它城市城区感觉跟国内小镇差不多。

39 公里过一个天桥那叫一个绕，好在没走错，否则在高速上不知该怎么办。

3 点 15 分，41 公里，从山背后到了 61 番栴檀山教王院香园寺，但绕了一大圈儿才找到正门。居然在 61 番碰到足立先生，他坐在庙前的椅子上休息。原来他从 59 番直接过来，明天再去 60 番，属于老江湖的操作。我根本就没看地图，也没想到不按数字顺序走。这是第四次遇见足立先生，他今晚住西条市。61 番到 64 番今明搞定后，他明天才去 60 番，据说省距离。我脑子一根筋，只想着顺时针走完 88 所，没想到要"跳"庙。

61 番外表是个褐色方形建筑，跟礼堂一样。进去，一楼礼堂，本堂和大师堂在二楼。本尊是大日如来，本堂可以放下 620 张椅子，内部金碧辉煌，好壮观，有点儿象香港的慈山寺。大师堂有大师身背竹席，右手金刚杖，左手抱着婴儿的雕像。这里是祈求安产，儿童健康，女人成佛的寺庙。

传说空海大师到 61 番时，有个女人在庙门外难产，大师点上印度来的栴檀香，祈祷念咒，女人顺利生下一个男孩。这大概解释为啥这里的大师像怀抱婴儿，以及 61 番的山名叫栴檀山，而教王院是天皇赐的院名。

61 番到 62 番只有 1.4 公里，跟足立先生在 61 番门口告别，看着他消失在城市的小弄堂里，有些怅然若失，再也不会见到了。遍路就是这样，人来人往，聚合消散，如同人生。

3 点 40 到了 62 番天养山观音院宝寿寺，很多人，属高野山真言宗。本尊 11 面观音，据说是空海大师按照圣武天皇妃光明皇后的样子塑造的，有安产的效果。此寺曾有四国遍路最古老的路标，目前保存在爱媛县立历史博物馆。

宝寿寺有厄除大师像，据说对着大师像念诵"南无大师遍照金刚"年龄的遍数，就可逢凶化吉，遇难成祥。

62 番到 63 番密教山胎藏院吉祥寺 1.5 公里，到的时候 4 点 07 分，在修，乱七八糟，这里是真言宗东寺派。这是四国 88 所中，唯一以"毘（毗）沙闻天"为本尊的寺，毘（毗）沙闻天应该是佛教四大护法之一的北方多闻天王。

寺内离钟亭不远有个一米高的"成就石"，正中下方有个直径 30-40 厘米的洞，据说从本堂出发闭上眼睛往"成就石"走，能顺利将金刚杖放入"成就石"洞内，心愿就会实现。我没金刚杖，也就不试了。

纳经所的女生听说我要去 64 番，给了香蕉当御接待 Osettai，说 3.4 公里，得一小时。我说跑过去，应该来得及，她给我加油打气。

要在 5 点关门前赶到 64 番前神寺，那里也属西条市。

可出庙门就转向了，在庙门口绕一圈儿，才找到正路。紧赶慢赶，右转上 11 号国道，4 点 41 分到了 64 番石锤山金色院前神寺。这座庙好大，建筑也很雄伟，是真言宗石槌派的大本营，修验道的根本道场。

本来想先去纳经，可前面有对老头老太，时间来得及，让他们先纳。我则去大师堂，再去本堂，端庄大气的庙宇，唐风满满。这里也是药师佛的本尊，据说曾有多位天皇皈依于此，寺名金色院前神寺也是恒武天皇（737-806）赐予的。

恒武天皇有个皇子叫良岑安世（785-830），才华横溢，与空海交往密切，互有诗文。大师曾作诗《赠良相公》：孤云无定处，本自爱高峰。不知人里日，观月卧青松。忽然开玉振，宁异对颜容。宿雾随吟敛，兰情逐咏浓。传灯君雅致，馀誓济愚庸。机水多尘浊，金波不易从。飞雷犹未动，蛰跂匪闭封。卷舒非一己，行藏任六龙。大师以孤云自称，而良相公第八子良岑宗贞（816-890）也官居高位，850 年比叡山出家，师从圆珍，圆仁，法号遍照。圆珍是空海大师的外甥，圆仁是最澄的弟子，而遍照金刚是空海大师密教灌顶法号。

64 番寺内有三尊藏王权现像，又叫金刚藏菩萨，是日本密教特有的。每月二十日会开放民众参拜，据说参拜时摩擦身体不舒服的地方，可以治病。此寺与石锤山脚下的石锤神社有密切关系，大概这也是山名叫石锤山的原因吧。

据说 793 年，19 岁的佐伯真鱼两次到石锤山，并在此修练虚空藏求闻持法，护摩火供和断食。一年后的 794 年，20 岁的真鱼在大阪的槇尾山寺出家拜勤操为师，法名教海，后来他改名为如空；795 年，22 岁的如空在奈良东大寺受具足戒，法号空海。

最后一个在 5 点前纳了经。

晚上入住的汤之谷温泉旅馆 Yunotani Onsen 离 64 番很近，可我在庙边上绕一圈儿才找到方向，其实庙里有个后门，一出来就到，我还是绕到前门。48.55 公里，10 小时 28 分 26 秒，累计爬升 1056 米，到了汤之谷温泉。累计 989.62 公里，快 1000 公里了。

小酒店的温泉对外开放，早晨 6 点就开。包早晚饭，和式卧房，一晚 10450 日元，算是路上比较贵的住宿。

晚饭在楼下的食堂，很丰盛。住在隔壁建筑里，有个小走廊连接，房门口有个小间，窗外是个日式小花园，很有情调。

取了前几天寄来的包裹，洗了衣服，洗衣服居然还需要密码。

泡了澡，真的硫磺味温泉，很多人。

休息的还可以，让前台把所有不用的东西再次寄出，再见就是善通寺大酒店了。

Day 22 | 4 月 21 日 晴
80 岁的活 "雷锋" 川崎先生

没庙

计划 39 公里

64 番前神寺到 65 番三角寺有 45 公里，今天计划 39 公里，开启等待模式，没庙，住离三角寺 6 公里的御宿大成。

65 番之前的住宿不是很多，所以选择四国中央市住宿。

一大早 6 点钟，又泡了温泉。昨天到的时候，温泉太多人了。一大早没人，好好享受了一番。

7 点吃早饭，丰富精致，一小碟，一小碗，咖啡茶一样不少。收拾越野包，多用头巾里居然有一根针？可能洗衣服时吸进去的？这太危险了，亏了没戴头上。

7 点 37 分才出发。

今天里程不多也没庙，一路向东。从汤之谷温泉出来，主要走 11 号国道，好吵，离开西条。

不到 8 公里在一个药妆店用了卫生间。这几天发现药妆店的卫生间就在一进门，非常干净。

9 公里多终于看到一个 Lawson，进去补给，吃了东西，喝了一瓶乳酸菌。

10 点 37 分，经过一个公车站，站名叫要害，不明觉厉。

偶尔会离开国道 11 号，到小路上静一静，但也就 1-2 公里，又上来，小路绕远。不过吵烦了，还是会走上小路，跟国道 11 号平行，在居民区里穿行。小路走了有 10 公里。其余都在国道 11 号上。

快 15 公里，在新居浜的一个 FamilyMart 再次补给。这一路 Lawson 和 FamilyMart 交替，没看见 7-11。新居浜市是爱媛县中北部一个重要的工业城市，住友集团就是从这里起家的。

16.5 公里过国领大桥，很壮观。18 公里多又进了一个 FamilyMart。

空海创立的真言宗也分了派别：高野山派，东寺派，御室派等等。19 番立江寺（小松岛市），18 番药王寺（美波町）、20 番鹤林寺（胜浦町）、65 番三角寺（四国中央市）都是高野山派别格本山，我的理解，别格本山就好像区域分舵。这一路高野山派的庙最多。5 番地藏寺是真言宗御室派，63 番吉祥寺是真言宗东寺派，而 4 番大日寺则是东寺真言宗，从真言宗东寺派分离出来的一支。

真言宗按古义和新义分，古义有东寺真言宗，真言宗东寺派，高野山派，善通寺派，醍醐派，御室派等 13 派；按新义分，有真言宗智山派，丰山派和室生寺派 3 派。为何真言宗由一人创立，也衍生出各门各派？我的朴素理解，有人的地方，就有江湖。

11 点 54 分，22 公里时看到一个"关的户大师"善根宿，门口用英文写着，欢迎进来坐坐。犹豫了一下，决定进去上个厕所。善根宿是当地人免费给遍路人提供的住宿，很好奇。进门，楼下是个客厅，门口贴了各种颜色的纳札，白色居多，没人。爬上楼，一个男子踩着凳子在刷天花板，问厕所在哪里，他说楼下。上完厕所，主人已经在客厅倒好茶等着我了。

他邀请我坐下来，除了茶，还有甜点，蛋糕，巧克力，两个人聊了起来。

原来主人是川崎先生，今年 80 岁了，给遍路人免费提供住宿好久了。说有两个孩子，59 岁。川崎先生非常健谈，笑呵呵的，特别开心的样子，脸上红光满面，长长的胡须，泛着灰色，根本不像 80 后。他问我今晚住哪儿，我说御宿大成，他说，大成家，我知道。如果我是一般的遍路人，真没准今晚就住这里，体验一下。然而，每天的行程安排很紧，还有 20 公里，必须走了。坐了 20 多分钟，依依不舍告别。

川崎先生站在门口，一直目送我，招手。我也不时回头向他招手，老人家看来很寂寞呀。

经过四国中央市，只觉得有烟囱，很工业化。路上光脚走了一段，缓解两脚长时间挪动的肌肉紧张。

34 公里，停了一下 Lawson，天热，终于又有补给了。

39 公里多，右转从 11 号下来，126 换 124 号县道。离民宿还有 500 米，在一个 FamilyMart 买了些吃的，酸奶，便当什么的，怕民宿吃的能量不足。

下午 3 点 47 分到了御宿大成，大成太太嫌我脚脏，光脚走路脚底下是黑的，在外面冲了半天，冲不掉，她才作罢。这个民宿应该是她和儿子在打理。之前打电话预定时，他们一直追问，一天 40 公里那么长，能按时到吗？我告诉他们我是马拉松选手，不用担心，大丈夫。

41.06 公里，8 小时 10 分 51 秒，累计爬升 307 米。网传已经 928.1 公里，离灵山寺 191.7 公里。而我已经挪动 1030.68 公里，超出网传里程 100 多公里。因为网传里程只是庙到庙的距离，没有考虑每个庙的爬升和游走，以及遍路上无法避免的迷路等，所以超出 10% 太正常了。

晚上吃得很好，大成太太做了很多吃的，边上还有位日本老头，大家聊着，都是第几天，每天走多少，他们两个一直对我跑遍路感兴趣，不断看我每天的里程图。

跟大成太太说明天一大早出发，请她准备饭团。这里一晚 7-8000 日元的样子，包早晚饭。打电话预定时，没问价钱。

吃过晚饭把 87 番边上的 Henro House Yado Inn Tek Tek 取消了，26 号住野田屋。原定 28 天完赛，现在看来 27 天就可以搞定了。

出发第一天订了 27 号住灵山寺边上的 Henro House Ichiban monzen dori 一番門前通り，那时计划 28 天完赛，想当然最后一天住灵山寺旁边。然而现在有可能提前一天完赛，27 号可以重游喜欢的寺庙比如 21 番太龙寺，17 番井户寺，所以住宿也不一定在一番了。

找了半天 27 号可以住哪里，无果。

　　我的 planning mind 计划脑一闲下来就自动开启，累不累？一路试图改变做计划的不安和焦虑，真心佩服那些走一天算一天住一天的遍路人，心真宽。29 号是黄金周第一天，27 号住宿也基本满了，既然找不到合适的，就住灵山寺吧，冥冥之中，自有安排。要彻底改掉庸人自扰的底层程序，随遇而安，怎样都好。

Day 23 ｜4月22日　晴

四国最高的云边寺

两座庙：65 番由灵山慈尊院三角寺–66 番巨鳌山千手院云边寺

计划 30.7 公里

三角寺在四国中央市，而云边寺则到三好市了，都是很有趣的市名。

今晚孩子爸就到了，为了早一些赶到民宿青空屋，决定早起。住的民宿御宿大成距离三角寺还有 6 公里，而 65 番三角寺离 66 番云边寺山路有 19.3 公里，如果走车道可能有 30 公里，晚上住的青空屋离云边寺大概 5 公里的样子，所以今天实际里程应该在 42 公里上下，又是全马日。

一大早告别大成太太，她塞给我一大包便当，沉沉的，5 点 34 分出发。

从县道 124 穿过 11 号国道，上了小路，离开四国中央市，一路向上爬，把市内烟囱冒烟的景象甩在身后。

在去 65 番的停车场碰到那天早晨在 58 番仙游寺参加早课的夫妇，好巧。当时急着要赶 6 点 15 分的出租去 59 番国分寺，没打招呼。但因那对夫妇不住庙，一大早赶过来，所以有印象。大家互相问候，他们看见我很意外，特别惊奇，一直说加油。

6 公里爬上 65 番由灵山慈尊院三角寺，7 点不到。

三角寺的本尊也是药师佛，看来众生都有病，需要神医。这里有个药师堂，据说治疗疣和鸡眼很灵。看来空海大师也是位无师自通的心理学家，懂得 placebo effect 安慰剂应。这一路每个庙的神佛菩萨似乎都有满足人们世俗愿望的功能。

三角寺的名称来自寺内周长 10 米的三角池，据说 815 年空海大师到此，刻了主尊 11 面观音，刻了不动明王，还建了一个三角形护摩坛，在那里念了 21 天 "降伏护摩的秘法"，祈求国泰民安。护摩坛后来成为三角池中央的小岛，保存下来，寺名由此而来。

爬上去拜了一圈儿，纳经所才开，这是爱媛最后一座庙，菩提的道场就此结束，身心已经有很多转变。

三角寺出来，陆续有车遍路到达。我继续朝东北方向行进，孩子爸已经到了香港机场准备起飞。两个人在不同时空运行，就要汇合了。

觉得生命很神奇，只有去关注，才会发生交集或契合，否则芸芸众生都在感知创造的自我世界里演绎各自的生命故事。

大成太太早晨做的便当太好了，除了米饭梅子海带饭团，还有各种小菜和两片烤三文鱼。上午 10 点多 19 公里，坐在路边的一个车站凳子上吃完，一天的补给，太感谢她的刀子嘴豆腐心了。

居然路上就再也没看到店铺。

66 番云边寺是香川涅槃的道场 23 座庙的第一座，位于三好市。可以走山路，也可以走车道，一个近，一个远。稀里糊涂选择了远的车道，纯属意外。

涅槃是佛教用语，各种解释，我的理解，就是不为任何情绪困扰，看到庸人自扰的主客观来源真相，存在梦醒时分的解脱。

21 公里经过民宿冈田，沿着河边右转，在这个三岔路口，左转也说去云边寺，右转也说去云边寺。路边一位妈妈带着两个孩子在玩耍，我脑子不转，应该问人。沿着小路走了好一会儿，没再看到路标，Google 导航一直说刚才应该左转。来回折腾两次，决定还是回去左转。明显是车道，在车道上山前，有个老太太在路边种菜。我问她，云边寺怎么走，她说，沿着公路一直上去就到。我又问，不是右边也有标志说去云边寺吗？她说，右边要远多了，左边近。

老太太的指示和 Google 导航一致，我就相信群众，懒得再看地图了，上去。

26 公里有个休息区，日语说离云边寺入口还有 7 公里，想都没想沿着县道 8 号就下山了，跑了一公里，意识到原来日文片假名ロープウェイ说的是上山的 ropeway，缆车，怪不得不远了。发现不对，折返又爬上来，回到刚才的休息区，右转走小路。一波三折，今天总是走错路。

小路一个人都没有，倒是看到两辆下山的车。上了曼陀卡，一路有介绍，很美，徐徐爬升，不累。

34 公里，海拔 684 米，沿着曼陀卡上上下下，各种 You can do it！的标语口号。川崎先生给的巧克力，还有仙游寺的巧克力，都吃了，水也喝光了。天气超好，云边寺因为海拔高经常有雾，今天天气晴朗，山河壮丽。一路建了好多基站，手机信号不错。

下午一点半到了参道，海拔 891 米，路一下子宽广起来。看到一对老外小夫妇下山，说去汽车站，原来如果当时过了民宿冈田右转就可以到汽车站和登山口，看来是走远了。

参道离云边寺还有挺长一段路，云边寺号称小高野，山上挺冷的，有些冻脚。树木参天，笔直笔直的，也有夫妇衫，走在参道上，已经感觉出云边寺的不同凡响。

只要有目标就能到达，没觉得怎样，到达四国 88 所最高点。

37 公里，终于来到 66 番巨鳌山千手院云边寺，看到水堂，海拔 900 米，本堂就在不远处。大师堂海拔 909 米，高一些，寺内最高处 917 米。这里本尊千手观音，是真言宗御室派。四国的四个难所烧山寺，太龙寺，横峰寺和云边寺都拜访到了。

在本堂还是大师堂碰到法国人 Pastel，她也住民宿青空屋，说 8 点从 65 番过来，看来民宿冈田右转还是近很多。

云边寺很壮观，可以与高野山的庙媲美。写了一个祝所爱之人健康喜乐宁静的纸条贴在许愿茄上，一个中空石头雕成的茄子，上面挂满了纸条。已经有心愿达成的感觉。

纳经所的人给了一张地图，告诉我怎么去青空屋。66 番地址在德岛县三好市，但属于香川的第一座庙，也不知是怎么划分的。

有通往缆车的标志，但我要从另外一面下山，看到离 67 番大兴寺 9.2 公里的路标，知道走对了。下山路上有 500 罗汉，真人大小，形态各异，比地藏寺的罗汉堂更壮观。

沿着山路，轻松愉快，远山葱茏。路上有介绍山上的鸟类，农作物，还有当年遍路盛况的文字。下坡，有些地方有台阶，有些是石头，树根，有一定技术难度。但天气好，不湿不滑，一路小跑。

出山路，看到青空屋的路标，说还有 400 米。果然，山路转大路，远远的一座民宅，下午 3 点 19 分，5 公里到了民宿青空屋。

42.39 公里，9 小时 46 分 20 秒，累计爬升 1478 米，轻松愉快的一天。23 天累计 1073.07 公里，平均每天 46.7 公里，网传里程到今天 958.8 公里。还剩下 4 天，给孩子爸留了 200 公里。

民宿优美，在观音市的山里，前后左右就这么一栋房子。

老板娘很亲切，电话跟她打了三次。第一次预定，从香港打过来，她记下时间和天数，没过两分钟，她又打回来，确认入住日期是 4 月 22 日。遍路上因为孩子爸提前一天到，我又打过去告诉她多一人。人家民宿都是按人头收费，准备食物，所以人数有变动，一定得提前通知。

两人见面，她如同见到多年的老朋友，招呼我随便。我说太饿了，就上午吃了便当，一路没看到便利店，她笑，马上做晚饭。

天色还早，洗了澡，在院子里洗了衣服晾起来。老板娘养了两只狗，Fugu 和 Socks，都系在院子里，跟狗狗们打了招呼。前院的白色 Fugu 很凶猛，软硬不吃；而后院的黄色 Socks 很温顺，让我想起了狗女儿遛遛。

法国女生 Pastel 过了将近一个小时也到了，听到她在后院与 Socks 的沟通交流。晚饭和她 一起吃的，很丰盛。这里也是包早晚饭，每人 6500 日元，两个人 13000 日元。

Pastel 说青空屋是她住过最好的民宿之一，我也这么认为。她 2-3 月份就出发了，走路和坐车相结合，哪里有好吃好喝好玩儿的就多住几天，看人家法国人的旅行态度。说明天 10 几公里，住观音市里，不知观音市有什么好玩儿的。要说，我们俩也见三面了，第一次在 37 番宿坊，第二次在民宿 Shimaya 岛屋，现在这里又碰到。她说到 88 番坐车去 1 番，不会再走了。我说，最后一天我安排了 50 来公里，要从 88 番跑回灵山寺。她说了句法文：O Mon Dieu! (OMG, 我的天啊！)

孩子爸原来说 7 点到，老板娘同意 7 点在餐厅准备好晚饭。谁知新干线有人跳铁轨，晚点，得 8 点才能到。很不好意思告诉老板娘，跳铁轨一直说不清楚，她不明白，后来干脆说有人轻生，导致新干线晚点，她这才恍然大悟，说，那晚饭就在房间里吃吧。

孩子爸辗转，飞机，火车换出租，晚上快 8 点才到。我拿着个手电筒站在民宿外等，繁星点点，万籁俱寂，Fugu 叫了两声。

山里的夜晚很冷，晚饭在房间里，老板娘很通融，那么晚还是新鲜烹制了天妇罗。

从尘世中来，他又买了一堆方便面，橙子，带了好多东西，都是不需要的，总是割舍不下。

四国的御接待 Osettai 文化也是因为传说遍路人在不同维度，离空海大师更近。这 23 天下来，觉得自己的确在不同时空流动，仿佛冷眼看世界，成了旁观者。

孩子爸酷爱地理，我这些天必须仔细研究四国地图，出门要知道东南西北。四国岛在日本的南部，包括四个县。他们的县相当于中国的省，日本有一道一都二府四十三县，分别是北海道，东京都，京都府，大阪府以及 43 县，共 47 个行政区划。从地域范围来看，他们的县比我们的省要小多了。

四国北临濑户内海，南临太平洋，东临鸣门海峡，西临丰后水道，岛内的山地东西走向。最长的河是吉野川，全长 194 公里，流域面积 3750 平方公里，占四国面积的 20%。高知县南部的四万十川因不怎么建水库水质好而被誉为"日本最后的清流"。仁淀川也以水质清澈而著称。四国南部是日本降水量最多的地区之一，洪水频发。而北部的濑户内海沿岸则是日本降水量最少的地区之一。这些河流都经过了，南部太平洋沿海也走过了，现在在北部，不能保证不下雨。

孩子爸来之前，计划了他的四天，想让他充分体验遍路不同特色的住宿：第一晚山中民宿，第二晚商业酒店，第三晚 Henro House Kappa Dojo 喝破道场，第四晚高大上温泉民宿，第五晚庙里的宿坊。但是天气怎样就没法计划了，估计得有下雨的日子。里程则是逐渐加码，至少让他体验一次超长日。

今天第一晚，他还没感觉，一切充满好奇。

而挪动了 1073 公里的我，已经归心似箭，期盼完赛了。

Day 24 |4月23日 晴
庙最多的一天

9 座庙：67 番小松尾山不动光院大兴寺-68 番琴弹山神惠院-69 番七宝山观音寺-70 番七宝山持宝院本山寺-71 番剑五山千手院弥谷寺-72 番我拜师山延命院曼荼罗寺-73 番我拜师山求闻持院出释迦寺-74 番医王山多宝院甲山寺-75 番五岳山诞生院善通寺

计划 34.2 公里

从庙庙相隔甚远的高知和爱媛，来到涅槃的道场香川，庙一下子密集起来。一天 9 座庙，甚至超过第一天德岛的 8 座庙，成为拜庙之最。连着两天没怎么拜庙，都有些忘了 Temple hopping 跳庙的感觉。

早晨起来收拾，房东做了早饭，很丰盛，昨晚孩子爸买的方便面也泡了，一对比，味道一般，吃两口只好扔掉。为了减重，两人又把带来的橘子也吃了。

6 点 15 分出门，晴空万里。今天要去 75 番善通寺，空海大师的出生地。

67 番小松尾山不动光院大兴寺离青空屋只有 4 公里，出门跟房东合影，狗 Fugu 没叫。

一路小跑，温度适合，基本下坡，好舒服，要到时，爬了一把，有 100 来米的爬升。

不到 7 点就到了，敲了钟。孩子爸的第一座庙，让他体验了一下进庙从山门到纳经所的全套仪式，唐风建筑，他还新鲜着。出发前我从网上买了一个大号红色纳经帐，孩子爸不远万里带过来，在大兴寺纳经所第一次体验了墨书朱印的龙飞凤舞。

822 年，嵯峨天皇命空海大师在此开基立寺。后来成为著名的修行道场，鼎盛时期真言宗和天台宗共同管理大兴寺。这也是大兴寺特别之处，所以本堂左侧是弘法大师堂，右侧则是天台大师堂，供奉中国天台宗开山祖师智顗（yǐ）（538-597），最澄是日本天台宗始祖，其传承来自中国。

本堂有点着蜡烛的七日灯明，祈求康复，安产和良缘。据说 67 番还有空海大师亲手种的楠树，不知哪棵。

这里的本尊是药师佛，属于真言宗善通寺派，到三丰市了。民宿青空屋位于观音市，与 66 番云边寺所在的三好市和 67 番所在的三丰市距离很近，可见这里的市有多小。

68 番琴弹山神惠院和 69 番七宝山观音寺在一起，离 67 番大兴寺 8.8 公里，路上有些走偏，两人光顾着说话。9 点 25 才到，纳经盖章也在一起，两人交了 1200 日元。

传说 703 年，法相宗僧侣日证上人在琴弹山看到海上有位老者坐在船上抚琴。上人感应到老人家就是八幡神的化身，便将琴与船带到琴弹山上祭拜。空海大师云游到此，刻了一尊阿弥陀如来。神佛分离令颁布后，神惠院被挪到与琴弹八幡宫关系密切的第 69 番观音寺旁。四国 88 所中有两座庙不叫寺，一个是 55 番南光坊，另一个就是 68 番神惠院了。

69 番本是协助琴弹八幡宫社务的佛寺，最初也是由日证上人开基。807 年空海大师到此，刻了一尊圣观音像奉为本尊，在此筹备伽蓝，并改名为观音寺。

68 番和 69 番都属于真言宗大觉寺派，位于观音市。严重怀疑城市因为庙宇而得名。68 番和 69 番虽然在一起，但山名不同，一个是琴弹山，一个是七宝山，可见不少山名也并非真的有山，不少庙明明在平地上，也都有山名。但不知什么原因，两座庙都没有院名。

到 70 番七宝山持宝院本山寺 4.6 公里，69 番和 70 番都叫七宝山。到 70 番本山寺的时候已经 22.7 公里了，上午十点半。中间走错了路，两人海阔天空没专心看路的缘故，原来以为只有一个人迷路，没想到两个人迷路迷得更厉害。

这里有个五重塔，钟不让人敲，有些游人。这是四国灵场中唯一以马头观音为本尊的寺，也是为数不多 15-16 世纪末未被日本战国时代的混战波及的寺院，本堂因而被指定为国宝。本山寺是高野山真言宗，感觉真言宗高野山派是正根儿，东寺派是主要"反对派"，其它的都是支流，不知这样理解对不对？

从 70 番到 71 番弥谷寺有 11.5 公里，这两座庙又回到三丰市。

专心看路。经过的城市很一般，但寺庙如明珠，镶嵌在没什么特色的滚滚红尘中，两人如寻宝一般不断解锁大唐的蛛丝马迹。

71 番剑五山千手院弥谷寺最漂亮，1 点 16 分到山门。400 级台阶，上去，爬到本堂，唯美的寺庙。途中建筑也有超大草鞋，马拉松和尚用的就是草鞋，不知哪里有卖。

这里也是行基菩萨开基，传说 807 年，空海大师在此修行时，从天上降下五把剑，并听到修验道之神的启示。一路听下来，大师似乎可与人鬼神佛沟通，几乎无所不能。

本堂还要爬 140 级台阶，1 点 36 分才上到大师堂。大师堂后面，有如狮吼一样的山洞内供奉了佛像，叫狮子之岩屋，据说是空海大师打坐的地方。不过也有一说，这里是少年空海 9-12 岁期间学习佛经的地方，洞内安放经卷，狮吼如同佛陀教诲，小真鱼借助洞内透进来的阳光阅读佛陀教诲。

两人 540 级台阶一爬，反而精神了，孩子爸对弥谷寺赞不绝口，太有仙气儿了。

72 番我拜师山延命院曼荼罗寺离弥谷寺只有 3.6 公里，沿着山路下去，两点半就到了。这是 596 年空海大师的祖先佐伯家建的庙，当时称为世坂寺。从大唐回国的大师将带回的金刚界和胎藏界曼荼罗供奉于此，因此改名为曼荼罗寺。这里本尊大日如来，属于真言宗善通寺派。地理上已经隶属善通寺市了。

73 番我拜师山求闻持院出释迦寺就在旁边，0.6 公里，依山而建，参道边各种石碑，两个大师雕像，让人眼花缭乱，庙内游人如织。

传说七岁的佐伯真鱼，曾到舍身岳山上，誓言："我愿以佛法救度众生。"说完便纵身一跃，想试试到底有没有神佛菩萨。此时，坐在莲花座上的释迦佛祖突然现身，天女飞来抱住正在坠落的小贵物。这样的操作是传说，少儿不宜模仿。

所以这里的本尊是释加牟尼佛，属真言宗御室派。寺里有舍身岳遥拜所，对着大师当年跳崖的山头拜拜，也灵。

离善通寺市区越来越近。

到 74 番医王山多宝院甲山寺 2.7 公里，沿着金色稻田，柔软的远山，没怎么走就到了，下午 3 点 22 分。

这座庙看着好新，里面很空旷。传说空海大师云游到甲山山麓时，遇见毗（毗）沙门天化身显现，对大师说："若在此开基立寺，我会永远守护这座寺院。"821 年，空海大师用三个月时间修筑邻近的满浓池，日本最大的灌溉用水库，天皇进行了赏赐，大师用赏金建了这座庙。这里的本尊是药师佛，属于真言宗善通寺派。

74 番到 75 番善通寺只有 1.8 公里，觉得挺荒凉的街道，想着怎么会有人气儿？没想到越走越热闹。

下午 3 点 48 分到了 75 番五岳山诞生院善通寺，人不知从哪里冒了出来，突然繁华起来。好大的一座庙，分东西院，药师佛是本尊。东西两院之间还有小吃摊，烧烤，豆沙饼，挑花了眼。

75 番和高野山的金刚峰寺以及京都的东寺合称大师三大灵场。

善通寺建于公元 807 年，是空海大师从唐朝回来的第二年。他 33 岁，以父命名。寺中分为东西两院。西院为"诞生院"，其中"御影堂"和"宝物馆"里珍藏着与大师有关的众多文物。东院为"伽蓝"，两处重要建筑，一个是供奉着药师佛的金堂，另一个是 45 米高的五重塔。四国的塔都是单数，因为在佛教里有三身（应身、报身、法身）、三界（欲界、色界、无色界）及五大元素（地、水、火、风、空）的概念，所以建塔层数是单数。不管是三重塔，还是五重塔，清一色都是唐风木制结构。西院入口的大门牌匾上写了"遍照金刚阁"五个大字，密宗五色旗下，有民众自发手制，用以祈福的千纸鹤。

东西院来回徜徉了一段时间。

空海 31 岁那年，决定去唐密的兴盛地做留学僧。然而入唐并不顺利，遣唐船 7 月 6 日起航，8 月 10 日便遭遇暴风雨，一行人险些葬身海底，传闻大师在波涛汹涌，船翻之际，默念不动明王咒，海浪才平静下来，一行人化险为夷。使船在海上漂流了一个多月，快断粮时到了福建长溪县赤岸。但当时福州刺史看这船破破烂烂的，以为是走私海盗，拒绝他们登陆。幸好空海精通中文，与刺史公文交涉，船上一行人才得以踏上大唐土地。

然而旅途还远未结束，从福建启程又跋涉了两个多月，行程 3000 多公里，空海一行才于 804 年 12 月 23 日到达首都长安，入住西明寺。长安市井繁华，建筑雄伟，空海感受到一派泱泱大国的气势。于是，他走遍长安城内各大寺院，遍访高僧，广交文士，修习梵语。

其实，空海入唐的最终目的是想去天竺学习密教。在长安，他遇到两位天竺密教高僧，一位是般若三藏，另一位是牟尼室利三藏。空海跟前者学习梵文，跟后者学习古印度哲学，想为西天取经做些准备。然而两位老师告诉空海，密教在天竺已经衰落，中土才是密教的繁荣之地，而如今密教第一人是长安青龙寺的惠果金刚阿阇梨，无需舍近求远。

一句话点醒梦中人，入唐快 7 个月，大概 805 年 6 月间，空海才来到青龙寺拜见住持惠果。惠果见空海，拍手：我等你好久了，怎么才来？两人一见如故，空海拜惠果为师。

知道不久于人世的惠果担心，学习密法至少要 3 年，时间不够了！而空海修习过 10 年虚空藏求闻持法，有过目不忘的能力。他在青龙寺进步神速，第一个月入胎藏界法灌顶坛，第二个月入金刚界法灌顶坛，灌顶法号遍照金刚。第三个月，惠果干脆授予空海传法大阿阇梨，指定为接班人。短短 3 个月，空海完成了别人一辈子做不到的事情。师徒在一起也就半年，惠果 805 年 12 月 15 日圆寂。临别，惠果要空海速速回国。

如今遍路白衣上以及庙里念的御宝号"南无大师遍照金刚"到底什么意思呢？遍照金刚是大日如来的密教法号，而空海大师也是，不过加了大师两字以示区别，所以"大师遍照金刚"就是指空海大师。南无梵语 Namas 是顶礼，感谢的意思，Namaste 就是从 Namas 衍生出来的，整句话理解为向空海大师致敬，顶礼空海大师。

空海归国之初颇受挫折。因为在日本有规定，留学僧必须呆满二十年才能归国，空海不到三年就回来，按规定是不能进京的，于是便被冷落在九州太宰府。这期间，空海又回到四国，继续在山中修行两年。

直到 809 年平城天皇退位，空海才被允许进京。要说空海的"贵人"不是别人，正是 804 年一同赴唐，当时佛教界举足轻重的最澄！808 年，空海拜见了最澄，请求他把皇室朋友圈介绍给自己。最澄运用自己的影响力，809 年 7 月，把空海安排到弟子主持的京城神护寺，空海离皇室更近了。

810 年"药子之变"爆发，空海施行镇护国家的大祈祷协助嵯峨天皇击败了想要复辟的哥哥平城上皇，从而得到嵯峨天皇的信任与提拔。从此，空海的人生开挂。

如今来到大师的诞生地，本想订 75 番善通寺的宿坊，但因官网说这里活动比较多，如果临时有活动，住宿会被取消。最后还是在 booking 上定了酒店，方便孩子爸找过来，谁知人家提前一天到。

逛完西院，中间连接两院的小街道吃了小吃，第一次在庙里吃小吃。到东院纳经所盖了章，孩子爸买了紫色的轮袈裟戴到脖子上。轮袈裟是个带子，袈裟的简化，颜色也有讲究，紫色代表唐朝三品以上官员皇上赐的紫衣，不是出家人用的颜色。

出东院门，正好去酒店顺路。

沿着小街道七拐八拐来到酒店，名字好大：善通寺大酒店，4 层楼，3 星级，一段时间以来最雄伟的住宿了。

46.12 公里，10 小时 15 分 36 秒，累计爬升 538 米，今天里程又超出 35%。我已经累计 1119.19 公里，没想到这么快就接近 1200 公里了。

前些天汤之谷寄的包裹已经到了，酒店帮付的款。这里不包晚饭，前台推荐了门外的一家餐馆。房间收费也不按人头算了，一间双人房一晚 7500 日元。

晚上在酒店对面吃的，遍路上第一次外出吃晚饭，有些不太适应，每晚在民宿都是一盘子定食，给啥吃啥。自己点还真不知点什么，一下子点了好多，就怕吃不饱。

酒店顶楼的风吕不怎么样，没什么人用。不过房间还可以，至少有厕所和卫生间，不用跑来跑去用公厕。不住宿坊的一个原因，也是想晚上好好睡觉。宿坊都比较大，厕所离房间有一定距离，半夜起来上厕所，穿过走廊，还是很影响睡眠的。

今天不长不短，孩子爸的第一天，客气一些，先预热一下。

Day 25 |4 月 24 日　阴转多云
老和尚吃饭的诀窍

7 座庙：76 番鸡足山宝幢院金仓寺-77 番桑多山明王院道隆寺-78 番佛光山广德院乡照寺-79 番金华山高照院天皇寺-80 番白牛山千手院国分寺-81 番绫松山洞林院白峰寺-82 番青峰山千手院根香寺

计划 37.7 公里

昨晚的善通寺大酒店回到文明世界，今晚住宿应该比较特别，说是在一个道场，还交了 500 日元一个人，参加坐禅 Zen Meditation，也不知是个什么方式。

昨天孩子爸的脚已经开始不舒服，才第一天，叫他今天要脱鞋走走。

在酒店大堂吃了早饭，简单果腹。把不用的东西寄到 26 号入住的常乐寺宿坊，跟前台纠缠了一会儿，才搞明白多少邮费。日本人有时很死脑筋，寄包裹要知道确切的费用，才肯收钱，否则就得收件方付款。从民宿汤之谷寄到善通寺大酒店就是收到付款的操作，好在是酒店，我可以电邮请求前台帮收件垫款。

还有最后 3 天。

所有的疼聚焦在右腿小腿前侧，是 Shin Splint 胫痛症候群吗？难不成又重蹈跑族 800 遵义会师的覆辙？那次 800 公里的最后一天就是胫前痛，艰难完赛。

今晚入住 Kappa Dojo，离 81 番不远，但决定去了 82 番再回来住宿，这样明天的 Long Day 不受 7 点开庙门限制，可一大早出发。

出门左转去 76 番鸡足山宝幢院金仓寺，不到 8 点就到了，还在善通寺市。金仓寺 774 年由圆珍（814-891）的祖父和气道善创建，那年刚好空海出世。858 年，从大唐学习密教的圆珍返回日本在此居住，仿照唐青龙寺筹备伽蓝，刻了一尊药师佛作为本尊。这里不是真言宗，而是天台寺门宗。智证大师圆珍是空海大师的外甥，据说就出生在金仓寺，俗姓和气，字远尘。

与昨天的响晴白日不同，今天多云，寺庙没有那么光鲜靓丽，但与灰蒙蒙的城市比起来，也如同沉静祥和的避风港。

6.8 公里小路，8 点 40 分到了 77 番桑多山明王院道隆寺，属于多度津町了。77 番门口卖寺院参拜用品，挺热闹。不过钟也是锁着，不让敲。这里是真言宗醍醐派。

这座庙的历史有些悲伤，据说 712 年，当地领主和气道隆在他的桑树林里看到一棵桑树闪闪发光，他朝着发光处射了一箭，却意外射到他的奶妈，道隆为了供养奶妈，便用那棵树刻了一尊药师佛，在此开基立寺。后来和气道隆的儿子拜空海为师，将这里重新整修，以其父命名。

通往本堂的参道旁，有 255 尊青铜制成的观音雕像。本堂前还有卫门三郎跪拜空海大师的雕像。

正如江户时代（1603—1868）京极左马造的故事所述，这里的本尊药师佛治眼病很灵。据说京极在道隆寺祈祷后复明，从此学医，专攻眼疾，成为御典医，专为幕府和大名看病的医生。京极的墓就位于道隆寺本堂左后方的潜德院殿堂。

从 77 番到 78 番乡照寺有 7.8 公里，去 78 番乡照寺的路上，看到一个城堡，有点儿大阪城的味道。四国拥有众多知名的城郭建筑，在日本的十二座现存天守中，有四座位于四国。丸龟城不仅拥有现存天守，石墙高度也是日本之最。爱媛县是日本唯一有两座现存天守的县。松山城是日本最后一座完全的城郭建筑。宇和岛城则是筑城高手武将藤堂高虎的杰作。高知城是日本唯一本丸內建筑如天守、御殿、城门、橹、塀等得到完好保存的城郭。此外德岛城、高松城、今治城等城堡也入选日本 100 名城。这些名胜古迹因为与遍路不同路，没有特意去，有的是远远地看见，但因为经过这些城市，也倍感亲切。

78 番在宇多津町，这个小城是香川最小的市。

10 点 20 分，15 公里多到了 78 番佛光山广德院乡照寺，山门赫然写着佛光山，左边挂着"厄除根本灵场"，右边挂着"密净双修之寺"的木牌。入山门好长一条小路，天气不热。

公元 725 年，行基菩萨在此开基立寺。815 年，自大唐回国的空海大师 42 岁，在这里进行厄除祈愿，因此乡照寺被认为是"宇多津厄除大师"的信仰中心。后来，一遍上人寻访此地，将这里改为时宗。不过现在这个庙既教真言三密，也教净土易行，两派都教。

78 番本尊阿弥陀如来，本堂旁边有个观音洞，叫万体观音堂，下去看了看，很深，一万个观音，真挺特别的。庭院沿着池塘依山而建，好大规模，花草树木都修剪得圆润有致，美轮美奂。

79 番离 78 番 6.1 公里，去 79 番天皇寺的路上，经过一条商业街，我拍手，终于可以有吃的了。可一路荒凉，基本没有什么店铺开门。在商业街尽头一家店开门，买了 rice cracker 米饼。

孩子爸今天也开始光脚疗法，桥上可以慢慢走。人家嫌袜子贵，非要光脚，结果扎脚了。

79 番金华山高照院天皇寺挺气派的，到时快 12 点了。1156 年，内战战败的崇德天皇被流放至此，1164 年去世。遗体在附近的灵泉 "八十场的水" 中保存，并在 81 番白峰寺附近火化。寺名源于天皇曾在此居住的史实。

这里的本尊是 11 面千手观音，真言宗御室派，这个派别由宇多天皇退位后开宗，在皇室和贵族中流行。

空海大师回国就开始寻找道场，建立真言宗的本山。他是具有远大前瞻性的存在，他从密教在印度和唐朝的衰落，以及自己回国后受到的皇室冷遇，意识到要想长治久安，密教传承不能只依靠皇室和贵族，一定要传播到民间，使之平民化。空海大师受奈良时代僧人，大僧正，行基菩萨的启发，打算在民间建立寺庙，使普罗大众有地方听闻修习密法。

他在纪伊国（今和歌山县）伊都郡南方找到一处 "四面高岭，人踪蹊绝" 的 "平原幽地"，就是高野山。

816 年（弘仁 7 年），空海上表朝廷，提到 "南至南海（纪伊水道），北至日本河，东至大和国境（奈良县），西至应神山谷" 的高野山，是他想开发道场的地方，"望请赐此空地，早遂小愿"，他愿 "四时勤念，答施雨露。"

朝廷很快批准，于是他筚路蓝缕建伽蓝，建金刚峰寺，使之成为修行人的道场，服务大众，而非皇家道场。如今的四国 88 所，就是空海大师传教于民愿景的落到实处。

79 番天皇寺位于坂出市，几乎一个庙换一个城市的节奏。这里距离 80 番国分寺有 6.8 公里，四国遍路的第四个国分寺，每个县一个。

80 番之前路过一个 Henro Hut 遍路小屋，里面有免费的爆米花，两人都饿了，感谢御接待 Osettai，我居然咬到手，不是一般的饿！

1 点 15 分到达 80 番白牛山千手院国分寺，浅绿色屋顶，孩子爸敲了钟，100 块日元。果然是国营的庙，敲钟还要花钱。这个国分寺地理位置在高松市，本尊是 11 面千手观音，跟天皇寺和 81 番白峰寺一样，也属于真言宗御室派。寺内有个金色愿挂大师像，祈愿要往上贴金箔，边上是微型 13 重塔。

80 番到 81 番绫松山洞林院白峰寺有 6.6 公里，433 米爬升，得从山上过去，相当于家门口的一个老虎头。到时 3 点 15 分，36 公里，跑了半天，山路，两个人又有了精神。这个庙座落在香川中部，五色台五峰（青峰，黄峰，赤峰，白峰和黑峰）之一的白峰上，很有仙气儿，是空海大师和智证大师建的，后者是空海大师妹妹的儿子，外甥圆珍。81 番介于高松市和坂出市之间，也属于坂出市。

大师堂和本堂都很高，千手观音是本尊。

在 81 番白峰寺的长椅上，刚坐下整理鞋垫，寺里的花猫就跳到我身上求温暖，蹭来蹭去，紫色项圈上挂着个小铃铛，一身褐黄相间的毛。我叫 Cat，莫不是真跟猫有什么渊源？这个庙晚上 5 点到第二天早晨 7 点庙门就关上了，外人不得入内，跟猫有关系吗？

818 年（弘仁 9 年），大师 45 岁在高野山做了首山居诗《南山中新罗道者见过》，接见朝鲜来的僧人。大师大半辈子都在山野中修行，不折不扣的爱山之人：吾住此山不记春，空观云日不见人。新罗道者幽寻意，持锡飞来恰如神。这里的锡是杖，遍路上叫金刚杖。

大约 830 年，应淳和天皇之命，空海完成叙述真言密教体系的 10 卷《十住心论》，有实践有理论。

空海晚年在高野山写了《秘藏宝钥》，书前写道：三界狂人不知狂，四生盲者不识盲；生生生生，生之初为暗；死死死死，死之终为冥。这个楔语，让后世琢磨半天。

81 番到 82 番根香寺 5.3 公里，爬升也有 312 米。离下午 5 点时间不多了，81 番到住宿只有 4.7 公里，住宿离 82 番也就 1.2 公里，不过没时间放下东西，再去 82 番了，得直接过去。两个人开跑，应该可以赶到。

一天没吃什么东西，又渴又饿。一路山径，没有店铺。跑到一个比较平坦的地方，突然看到一个木头长椅上摆着 12-13 个塑料箱，上面写着遍路人请享用！打开一看，各种饮料和小食！真是雪中送炭！两个人喝了水，吃了米饼，没有携带，万一其他遍路人也需要补给呢？感谢山中的御招待。

快到 82 番，山间有个亭子摆着茶水，对面是个遍路人小屋 Henro Hut，估计晚上有人住在这里。离 Henro Hut 不远，有条小路说一直通往 83 番，那是明天的事了。

走了一段山路下坡，4 点 43 分，来到 82 番青峰山千手院根香寺山门，不远处的灌木丛里，有个牛头鬼的像，象牛又象鬼，张牙舞爪。到寺里还有很多台阶，爬升很厉害，10 分钟以后才看到红色大师堂。

据说空海大师入唐前曾在此地搭了草庵。832 年，空海大师的外甥智证大师圆珍被一位带着白猿的老者引到此地，智证大师便刻了一尊千手观音作为本尊，在此开基立寺。这里不是真言宗，而是天台宗，因为圆珍 15 岁师从最澄的徒弟义真。

问了纳经所的人，怎么去民宿，他们居然知道那个地方，给了张图指明 Kappa Dojo 喝破道场的位置。看着比例不对称的图，还是走错了，到时 5 点 21 分，在一个叫四恩的里公园内，很偏僻，海拔有 369 米。

今天 43.45 公里，又超出 15%，9 小时 59 分 14 秒，累计爬升 934 米。累计里程 1162.64 公里了。

院子里味道很大，不知养着什么牲畜。小和尚领我们入住，两个人不同房，隔壁住。小和尚说五点半准时吃饭，吃完饭再洗澡洗衣服，没时间了。不明就里，为啥这么着急吃饭？反正也饿得前心贴后背了，一天基本靠米饼和爆米花撑着，有饭吃当然好。

五点半被叫进一间大屋子，有位老和尚坐首位，他左手侧面还坐着一老一少两位女子，她们看上去很紧张的样子，我们赶紧坐下来，我坐在老和尚旁边。每人面前摆了一碗饭，一碗味增汤，一碟凉拌豆腐，还有一碗笋子炒肉。老和尚见我们入座，说可以开动了。他吃一口，放下筷子，再吃另外一口，很有趣。我还问能否照相，他点头说可以。吃了一口，我说好吃，其实不该发声，也不该拍照。最后他们三人都是留了一片菜叶子把所有的碗盘用热水涮干净给喝了。我看着，忍住，没乐出声来，原来这样粒粒皆辛苦。吃完饭，两位女子赶紧收拾碗筷，我要帮忙，老和尚说，去洗澡洗衣服吧。

原来一起吃饭，就是所谓的禅修 Zen Meditation。饭要一口一口地吃，跟老和尚学了一招。

饭后小和尚收了住宿费，包早晚饭，加上刚才的"禅修"，两人 10000 日元一晚。

随后泡澡，虽然只有我们俩，还是我先泡，寺庙不兴男女共浴。风吕很大，外面漆黑冰凉。饭后在厨房里喝姜茶洗衣服，洗衣机好像有问题，洗了很久也不停，只好强制停止，衣服放空调下烘。期间小和尚送来明早的饭团，四个两个拳头大的饭团，两瓶绿茶，两袋什么营养胶 gel。孩子爸吃了个大饭团，晚饭虽然吃得很香，但他没吃饱。

晚上很冷，开了空调暖风。整座房子就我们两人，看到门口有两双鞋，原来还以为有别人。半夜起来上了好几次厕所，长长的过道，味道不好。开着厕所的灯，以免摔跤。

衣服在空调的转动下，一晚上全干了。

Day 26 | 4 月 25 日　阴转多云转雨
不能硬抗

6 座庙：83 番神毫山大宝院一宫寺-84 番南面山千光院屋岛寺-85 番五剑山观自在院八栗寺-86 番补陀落山志度寺-87 番补陀落山观音院长尾寺

计划 46.4 公里

　　一大早起来，喝了茶，一人吃了一个大饭团，留一个背着以防万一。出门天还没亮，好像还有什么预警装置响了一下。4 点 53 分离开 Kappa Dojo 喝破道场，早些出发，因为今天是 Long Day，可能还有雨，孩子爸得体验一天下雨的滋味。计划 46.4 公里，有 6 座庙，超出 10% 是里程的起步价，必须早走。

　　一路向南，先是县道 180，6 公里过一个很大的池塘，神高池，一路下坡。右转上县道 33，7 公里过铁路，进城了，应该是高松市，向南。特别冷，早晨出发我还唠叨怎么没雨？没等离开神高池，就开始稀里哗啦，不能说。

　　现在搞清楚了四国四个县的方位：东面德岛县，南面高知县，西面爱媛县，北面香川县。高知县修行的道场最大，香川县涅槃的道场最小。一路经过大大小小的城市，但几乎没怎么在市中心盘桓过。途经城市主要有德岛县的鸣门市，德岛市，小松岛市和阿南市；高知县的室户市，高知市，和土佐清水市；爱媛县的爱南市，宇和岛市，西予市，大洲市，伊予市，松山市，今治市，东予市，西条市，新居浜市和四国中央市；香川县的善通寺市，丸龟市，坂出市，和高松市。松山人口最多，每年 2 月的爱媛马拉松在松山举行，应该找机会来跑一次。高松虽然人口少一些，但因交通便利，众多企业和政府机构在高松设点，有"四国玄关"之称，82 番到 85 番都在高松，今天会经过高松市区，补给应该不成问题。

　　7 点 10 分，13 公里多，两人穿着雨衣，戴着手套，到了 83 番神毫山大宝院一宫寺。一宫寺以前是协助田村神社的社务寺。1679 年，高松藩主解除了它的田村神社职责，成为佛教寺院。药师如来堂的台座下，传说是通往地狱的入口，若坏人将头伸进去，可能会身首异处。这里本尊是圣观音，观音 33 相的本身相，属真言宗御室派。

　　御室派是古义真言宗，派祖是宽平法皇（867-931）。897 年，宇多天皇让位给 13 岁的皇太子，在他 888 年建造的仁和寺剃度出家，人称宽平法皇，创立了御室派。一路上拜访了不少御室派的庙，比如 5 番地藏寺，41 番龙光寺，60 番横峰寺，66 番云边寺，73 番出释迦寺，还有昨天的 79 番天皇寺，80 番国分寺和 81 番白峰寺，如今御室派估计也平民化了。

83 番到 84 番屋岛寺 13.5 公里，朝南。22 公里在一个 7-11 吃了东西，补给，孩子爸对于便利店的感情还不深，也没那么饿，看我狼吞虎咽，乳酸菌酸奶当水喝，非常不解，有这么饿吗？怎么没有，快 1200 公里的人，觉得肚子里围坐了一圈儿饿狼，什么下肚都抢光了，好像这辈子没这么饿过！

觉得很快就到了，可 26 公里多不知怎么迷路，把屋岛寺跟屋岛神社混了，在神社下面的公园上下转了 30 多分钟。其实之前在县道 150 上，26 公里时应该左转上县道 14 号，爬上去就到了。多走了 3 公里多，上午 11 点 20 分，30 公里才爬上 84 番南面山千光院屋岛寺。

这座庙挺大的，顺着台阶经过仁王门，就是四天门广场，端庄大气。本堂木质结构，雕梁画栋，可以看出岁月的痕迹，里面的梵钟是国宝级文物，还有个宝物馆，时间紧张，没进去。本堂旁边供奉着日本三大狸之一的太三郎狸，因吉卜力工作室（Studio Ghibli）将其制作成卡通电影人物而闻名日本。据说这个狐狸是 11 面千手观音的御用狸，因经常做好事，被封为蓑山大明神，成为地方保护神，保佑人们姻缘美满，夫妻和睦，家庭幸福，子孙满堂以及生意兴隆。

754 年，大唐鉴真和尚去奈良东大寺途中，先在屋岛停留建庙。鉴真和尚跟四国原来也有缘分，这个世界真是神奇。鉴真东渡日本传法，后来空海西游大唐取经，两人有过交集吗？

鉴真（688-763），14 岁扬州大明寺出家，去过长安和洛阳遍访名师学习戒律。回扬州后，修崇福寺及奉法寺等，造塔塑像，宣讲律藏。40 多年，为俗人剃度，传授戒律达 4 万余人，在江淮被尊为授戒大师。

《鉴真东渡日本》是这样记载的：

唐高僧鉴真，本姓淳于，扬州江阳人，年十四出家为僧。稍长，遍游长安、洛阳，寻问名师，专研戒律。唐天宝元年，应日僧普照辈延，东渡日本。然东海风骤浪高，或船覆，或粮匮，或失向，历十二载，五渡未成。其时僧目盲，唯志不渝。天宝十二年，竟至日，翌年与奈良东建戒台，授戒法。

当时，日本佛教戒律不完备，僧人不能按照律仪受戒。733 年，僧人荣睿和普照随遣唐使入唐，想邀请高僧去传授戒律。访求十年，决定邀请鉴真。742 年（唐天宝元年）54 岁的鉴真不顾弟子们反对，决心东渡。由于地方官阻挠和海上风涛险恶，四次东渡失败。第五次漂流到海南岛，荣睿病死，鉴真双目失明，751 年（唐天宝十年）又回到扬州。

165

753 年（天宝十二年），日本遣唐使藤原清河以及旅居长安的阿倍仲麻吕（晁衡）等人到扬州拜访，并邀其"向日本传戒"，鉴真决定第六次东渡。753 年 12 月 20 日，在日本萨摩，今九州南部南萨摩市坊津地区的海湾秋目浦登岸。次年被迎入首都奈良东大寺。不久，为日本天皇、皇后、太子等人授菩萨戒；为沙弥证修等 440 余人授戒；为 80 余僧舍旧戒授新戒。鉴真被尊为日本律宗初祖。

鉴真对日本最突出的贡献，是传授医药知识，据说光明皇太后病危时，只有鉴真的药方有效，被奉为日本汉方医药之祖。不过好像日本豆腐业、饮食业、酿造业等技艺也均为鉴真所授。奈良的唐招提寺建筑群，也是鉴真和弟子留下的杰作。整个结构和装饰，都体现了唐代建筑风格，是日本现存天平时代（710-794）最大最美的建筑。

屋岛地处高松市东北部，原本是瀬户内海中凸起的独立丘陵（海拔293m）形成的岛屿，在江户时代由于填海造地变成了半岛。屋岛顶部平坦，周围陡崖环绕。岛上有古代山城屋岛城址和 1185 年源平合战的关键战役屋岛之战的古战场遗址，现被指定为日本国家历史遗址，是著名的观光景点，

如今的屋岛寺位于独立丘陵的南侧（南岭），不过根据寺院的历史文献记载，在天平胜宝年间（749-757），鉴真经海路前往奈良东大寺途中曾在屋岛停留，并在屋岛北侧（北岭）兴建了佛堂，用于安放普贤菩萨像和收藏经书。传说鉴真大师感受到山顶的光，太三郎狸就化身为蓑笠翁引导失明的鉴真大师来到屋岛的北侧。

佐伯真鱼在鉴真大师圆寂后 11 年出世，公元 815 年（弘仁 6 年）空海大师到访屋岛寺，山上大雾，传说也是太三郎狸化身为蓑笠翁，将大师引导到岛的南侧，空海大师便将原本位于北岭的寺庙迁移到南侧现在的位置，并制作了 11 面千手观音像作为本尊。

看来两人最大的交集就是同被太三郎狸引导，屋岛寺的建庙和迁庙了。

84 番到 85 番八栗寺 5.5 公里，在山上绕一圈儿找下山的小路，原来在后山。很陡，不过走山路是两人强项，很快沿着陡峭的山径下来，又接上大路。

不到 36 公里，来到八栗茶屋，12 点 48 分了，就在缆车站边。四国的寺庙似乎只有 21 番太龙寺，66 番云边寺有缆车，不知为何 200 多米海拔的 85 番也有缆车？遍路这么多天，没有正式坐下来吃过午饭，两人坐下，我让孩子爸点菜，自己出去转转。

缆车站边有个小店，进去买了些小零食。回来，孩子爸坐着发呆，问他，菜点了吗？他说，全是日语，看不懂也不会说。我这才意识到，原来想当然的生存技能，某人

已经暂时丧失了。我叫来女服务员，开始注文（点菜），两碗天妇罗荞麦面，因为要赶路，请厨房快一些（把孩子爸耽误的时间补回来）她连声说好。不一会儿，两大屉荞麦面上来，有酱油汤，还有刚炸好的天妇罗。遍路上第一次坐下来吃午饭，好放松。天气凉，屋里暖和，爽滑的面条配上热腾腾的天妇罗，清凉又温暖，让我想起了珠峰马拉松32.5 公里山顶 Hymalaya Lodge 的夏尔巴乱炖。

吃完爬上 85 番五剑山观自在院八栗寺，没坐缆车，到时下午一点半了。本堂海拔 236 米，背靠着 5 座山峰，颇有气势。本堂左边的圣天堂供奉欢喜天，夫妇和和的神，可以祈求学业进步，生意兴隆以及婚姻幸福。本堂后侧是中将坊堂，传说有个天狗每天晚上下山做好事，天亮又回去，原来也有好天狗，印象中大师是天狗的克星。这里本尊圣观音菩萨，属于真言宗大觉寺派，是高松的最后一座庙了。

传说空海大师前往大唐前，曾在此埋下八颗熟栗子，祈求一路顺利。829 年，大师到此山修行虚空藏求闻持法时，天上忽降五把剑，藏王权现（金刚藏王菩萨）现身，告诉大师应在这里建庙。空海大师埋了五把剑，在此开基立寺，并把这座 375 米的山命名为五剑山。而最神奇的是那八个熟栗子居然发芽，此寺则命名为八栗寺。四国的不少庙宇，都夹杂着空海大师的神秘传说，当地人也津津乐道。

85 番到 86 番 7 公里，沿着海边，天阴阴的，城市灰暗，两人连跑带走，有些累。下午 2 点 54 分，43.9 公里到了 86 番补陀落山志度寺，一座 7 世纪的古寺，真言宗善通寺派。这里本尊 11 面观音，门口也有两只大草鞋，寺内有五重塔。志度寺最令人难忘的是曲水式庭园的绿树成荫，犹如进入了森林花园，古朴的建筑掩映在绿色之中。这时，天又下起了雨。

雨中在志度寺葱葱荣荣中看到枯山水庭园，只有沙子，石子儿和岩石铺的院子，无水，日式园林特有。

传说奈良时代（710-784）的公卿藤原不比等（658-720）在建立奈良的兴福寺时，嫁到中国的妹妹送来三样珍宝。但船在志度海域遇难，宝物被龙王夺走。不比等为取回宝物而来到志度，隐姓埋名，娶了当地海女为妻。海女就是海边以深潜捕捞为生的女子。海女生了一子叫房前，当得知藤原的真实身份和诉求，海女要求如果儿子房前成为藤原家的嗣子，继承家业，她就去拿回宝物。藤原同意，海女舍命取回宝物。志度寺内有海女墓，是房前为纪念母亲而修建的。每年 7 月 16 日海女生日，本尊 11 面观音才对外开放。凄美的传说，不知和空海大师有怎样的渊源？

86 番到 87 番长尾寺有 7.1 公里。去 87 番的路上，路边一个小店的女子招呼我们进去喝茶，开始不想停，看她如此热情，还是停下，虽然已经下午 3 点 20 分了。她叫北出修子，很和气，给我们吃了点心，喝了茶，还送了小礼物。她说在常乐寺附近长大，总去，明天我们正好入住常乐寺，喝这个茶，是为了让孩子爸体验一下御接待的本地文化。

坐了 10 来分钟，跟北出女士告别，出来，必须要加快脚步，两人跑起来。快到 87 番时，碰到一位日本遍路人，他走得很快，说今晚住道的站边上的民宿，道的站离 87 番 5 公里。

4 点 47 分，到了 87 番补陀落山观音院长尾寺，没看到大门，问一位女子，她指着对面，这里就是长尾寺，原来就在路边，86 番和 87 番都叫补陀落山，圣观音是主尊，补陀落山是观音的山。指路的女子也是遍路人，看我们及时赶到很高兴。

87 番 739 年由行基菩萨开基，传说空海大师赴唐前，曾到长尾寺祈愿入唐平安，在此进行了七夜的护摩修行。从大唐回来，为了感谢大愿达成，在 87 番建了供养塔。这里是天台宗，不是真言宗。

天快黑了，没心思在庙里久留，要赶去今晚入住的民宿。

我的右小腿迎面骨很痛，87 番离民宿野田屋还有 12.5 公里，现在 5 点多，6 点前肯定赶不到了，怎么办？脑筋一转，可以先到 5 公里之外的前山遍路交流沙龙（前山おへんろ交流サロン），然后打车去民宿，明天早晨再回来领取遍路大使证书。这个遍路交流中心早晨 8 点开到下午 4 点，但现在已经关了。这个念头一出来，人顿时轻松了，今天也就剩下 5 公里，怎么也到了，

认怂，腿太痛，得休息，明天才可能顺利完赛。关键今晚入住的野田屋晚上 6 点停止办理入住，如果硬撑，到她那里 8-9 点，太晚了，人家很忌讳。我也觉得今天够长了，体力到了极限，再撑下去，可能伤到无法快速恢复的地步。孩子爸还有些嘀咕，说我找借口。才跑了 3 天的人怎么能理解跑了 26 天的人的境界？我说，今天坚持不到民宿了，得提前结束。

沿着小路去 88 番，顿时放松许多。想着什么时候给野田屋打个电话，大概五点半的样子，电话来了，是野田屋。那边的人也在担心我们，问我到哪里了，我说刚从 87 番出来不久，请她 6 点 10 分叫个出租在 Ohenro 遍路中心等，我们离那里现在还有 3 公里，应该能准时到。

居然叽里咕噜用日语电话沟通完毕，孩子爸觉得很不可思议。我也是，有个语言可以运用的感觉真太好了。好在大家都知道前山遍路中心在哪里，其实应该叫沙龙，但我说中心她也听懂了，所以将错就错，一直 Ohenro Center 遍路中心叫了下去。

这下简单了，还有 3 公里就结束战斗。每天的盲盒，又会是欢喜收场。一路上坡，6 点 05 分到了遍路中心，果然关门了。到这里徒步了 87 座庙的遍路人可以领一张遍路大使证书，很想领一张，只能等明天 8 点开门了。中心斜对面就是道的站，87 番遇到的遍路人住那里，路上超过他了。

四周空旷，马路对面好像就是去 88 番的女体山小路。四处找出租，有人向我们招手，遍路人中心前停了辆卡车，一辆大巴士，可以坐下 20 多人的那种！原来民宿没给叫出租，而是直接派巴士来接人，太好了。

司机是个老头，瘦瘦的，特别热情。请我们上车，跟我说 10 几分钟就到。车上，司机打电话，说人接到了，那边的女声传来"よかった"太好了的欢呼。

我上车停表，57.35 公里，比计划超出 23.5%，13 小时 12 分 31 秒，累计爬升 903 米。今天到极限了，我已经累计 1219.99 公里，要休息了。坐下来，才觉出脚和腿都那么痛！好在，可以"奢侈"地休息 12 个小时了。

没想到野田屋这么高大上，开车不到 20 分钟。一路是野田屋的广告，沿着山路七拐八拐，看到很美的园林时，到了。

原来给我打电话的是个胖胖的女生，在门口站着接我们，一直说辛苦了。我顿时有到家的感觉，从停车场还要穿过小路才能到民宿入口，曲径通幽，很美，请她帮我们在野田屋前合影留念。

野田屋，87 番和 88 番两座庙，都属于 Sanuki City さぬき市，赞岐市，这里的乌冬面很有名。日本似乎每个城市都有当地的乌冬面，荞麦面和拉面，除了小麦不同，最大的区别就是汤底。

民宿大堂很高很大，司机坐在长长的沙发上玩儿手机，胖姑娘处理了入住手续，告诉我哪里吃饭，哪里泡澡，哪里洗衣服，晚上几点关大门等注意事项。

房间很雅致，有个小阳台，日式榻榻米，小炕桌上放着茶具和小点心。劳累一天，先去泡温泉，就我一人，很大很舒服。我们来晚了，刚泡完澡，就有人叫去吃晚饭，先把衣服洗上，洗衣机就在门外的过道。这些天到店的操作都是换上浴袍去泡澡前，把一天的脏衣服洗上，泡好澡，衣服烘上，去吃晚饭，晚饭吃好，衣服基本干了。没有烘干机的民宿，就把洗好的衣服挂在房间里自然吹干。一洗一换，足够了。

晚饭吃得很好，变相包房，别人都吃完了。大大小小的碟子，还有小火锅，热火朝天。只可惜没找到浴袍，还有些纳闷，怎么可能，这么高大上的地方。后来发现浴袍就在阳台的壁橱里，没看见。好在两个人还有干净衣服换。这里包早晚饭，每人每晚14500 日元，两个人 29000 日元，吃住行和服务都是五星级水平。孩子爸来了多一人，眼看着日元现金越来越少。这么"奢侈"的地方，居然也不收信用卡。

传说空海大师在高野山入定后，并未圆寂，其肉身千年后仍沉睡于奥之院灯笼堂御庙深处，等待亿万年后弥勒降临，再复生弘化。因此 10 世纪后期产生了大师入定信仰，把高野山视为弥勒净土和阿弥陀净土。镰仓时代源赖朝之妻北条政子为亡夫和儿子建了金刚三昧院，希望丈夫和儿子能跟随大师重生极乐，日本名人喜欢埋骨高野山的历史，也自此开始。

高野山"坛上伽蓝"营造了"胎藏界曼陀罗"的世界，曼陀罗 Mandala 是密教的宇宙模型。"坛上珈蓝"的金堂是整个高野山的总本堂，举行主要宗教仪式。金堂附近的"根本大塔"是空海大师设计的日本第一座多宝塔，塔内以金身大日如来为中心，周围的柱子上画有十六大菩萨，展现的是绚丽多彩的立体曼陀罗。墙壁上还绘有真言传法八祖像：龙树菩萨，龙智菩萨，金刚智三藏，不空三藏，善无畏三藏，一行禅师，惠果和尚和弘法大师。真言付法八祖是大日如来，金刚萨埵，龙树菩萨，龙智菩萨，金刚智三藏，不空三藏，惠果和尚和弘法大师，少了善无畏和一行。

"坛上伽蓝"的御影堂前有著名的"三钴松"。传说空海大师从唐朝回国前，为了寻找弘扬真言密教的地点，向日本方向投出了"三钴杵"法器，后来发现三钴杵挂在这棵松树上，将这里作为真言密教的道场。这棵松树是三针的，形同三钴杵，所以被称为"三钴松"。现在不少人把"三钴松"的落叶当护身符带回家。

从"一之桥"到御庙的区域统称"奥之院"，与"坛上伽蓝"一起，是高野山最神圣的地方。走完四国遍路，第一个要去报到的，就是高野山奥之院，向大师汇报完成遍路的事实，对着大师闭关的御庙大门，心里做个了结，了却这段因缘。所以，纳经帐的扉页留给奥之院。

入乡随俗，定了 5 月 1-2 日两晚，入住高野山惠光院。如今的高野山共有 117 座寺院，人口 2700，僧侣 700，每年游客 140-150 万。金刚峰寺作为高野山真言宗的总本山，也有宿坊，可能不对外，高野山有 52 座寺院为游客提供住宿，叫宿坊，惠光院是奥之院边上的一座，

　　如今住在高大上的野田屋，享受着遍路上的奢华。没想到几天后高野山惠光愿的日式花园套房，完全颠覆了我对寺庙住宿豪华的认知：小桥流水的院子，室内温控超大风吕，西式卧室，半墙大的电视，和式客厅，饭厅和起居室，加上影壁门廊等等，东西一放下，就找不着了……

　　约了第二天早晨七点半的出租去遍路中心，明天就完赛了。有些不太敢相信，所有的日子都会过去，所有的聚合都会消散。

　　心情平静地进入梦乡。

Day 27 ｜4 月 26 日　雨转多云转晴
腿再疼也要回到起点！

两座庙：88 番医王山遍照光院大洼寺–第 1 番竺和山一乘院灵山寺

计划 42 公里

最后一天，a long day ahead。昨天右小腿的迎面骨很痛，早些结束好好休息了一夜，看来是做对了。这一路，每天都是最好的安排。一旦把 Plan B， what if 去掉，就泰然处之了。看来接受发生的一切是最好的安心药。

早晨又去泡了澡。浑身的疲惫大多是靠每天的浸泡去除的。研究和实践冷热治疗对身体和情绪的影响好久了，看来这种热治疗对极限运动的快速恢复有效果。

泡完澡，右脚足底和迎面骨都贴上肌效贴。

雨下了一夜，早晨停了。

不到 7 点去吃早饭，很丰盛，蛋卷，小菜，煮物火锅，味增汤，米饭。胖姑娘也特别热情，她的声音真好听。

七点半准时坐上出租去 Ohenro 遍路中心，把不用的东西放在三个防水包里给了胖姑娘，她问三个小时后回来？我说大概 9 点多吧，最多两小时。她只笑不语，估计她在想我还不知道下去有多远，上来有多难。

车顺着昨天上来的山路下行，坡度挺大的。路上看到昨天 87 番前遇到的日本遍路人，他住的道的站就在遍路人中心对面，应该出来一个多小时了。车一闪而过，没法打招呼。

出租 7 点 55 分到了遍路中心，居然看到昨天在 87 番最后拼关门遇见的女子，大家见面既惊讶又高兴。这里应该是 8 点开门，4 点关门，但似乎不到 8 点就开了，她已经拿到证书。

坐下来填表，给了遍路大使证书， CD 和徽章。茶几上摆了吃的喝的，工作人员听说今天是我的第 27 天，赞不绝口，一再要我们随意。很开心，合影，摆拍。我的证书是938 号，什么意思？

Ohenro Centre 遍路中心里有个模型，可以看到走过的 88 座庙在哪里。按哪个键，相应的庙就点亮。照了照今天的路线模型，翻山越岭，A long way to go.

证书有了，但今天才刚刚开始。酒井雄哉的一日一生是对遍路最好的总结，每天的打开方式基本相同，但关闭模式则色彩缤纷。早晨如同打开一个盲盒，结局都是大团圆般的开心。

88 番是四国 88 所结愿之寺，为此，许多人来到这座庙会将代表空海大师的金刚杖奉纳，以示感谢。这座寺也是历史上较早允许女人进入的，被称为"女人高野"。我一路没用杖，心怀感恩就是了。

8 点 15 分开始往野田屋爬，沿着公路的上坡。因为东西还在野田屋，没办法走女体山的山径了。不过身上很轻，速度不慢。快到的时候，在一个什么模型中心上了厕所，没开门，一个人都没有。

9 点 36 分到了野田屋，8.08 公里，门口看到昨天的司机，打招呼。前台的胖姑娘很惊讶，真的 2 小时赶回来，忙去拿我们存的东西，问要不要喝茶休息一下，谢了，合影留念说再见。

公路还有 2.9 公里到 88 番大洼寺。走了一段山径，静谧，湿润，不难走，草地是湿的。山中空气清新，没想到转瞬之间，四国遍路就接近第 88 座庙了，世上无难事。

最澄是天台宗始祖，他与空海大师有很多瓜葛，亦师亦友亦对手的复杂关系。最澄有个徒弟叫义真（781-833），自幼学习汉语，804 年义真作为请益僧中文翻译陪最澄赴唐。在大唐接受义操灌顶，而义操是空海在青龙寺的同门师兄，好友，义真按辈分是惠果的徒孙。最澄圆寂后，义真成为日本天台宗二祖，谥号修禅大师。空海大师的外甥圆珍（814-891）师从义真，圆珍并未修习继承真言宗的衣钵，而是天台宗僧侣，天台寺门宗的宗祖，谥号智证大师。

真言传法八祖之一的一行禅师（683-727）因精通梵文，帮助善无畏翻译了《大日经》，而他的密教老师是金刚智。一行禅师出生于书香官宦世家，家道中落，21 岁父母双亡，决定出家。学习了禅宗，律宗，天台宗和密宗。是一位多才多艺的僧人，据说我们的农历就是一行禅师发明，他精通天文学和数学，测量出子午线长度，小行星 1972 就是以一行禅师命名。可惜英年早逝，45 岁就圆寂了，没留下什么弟子。传法八祖一行禅师排在惠果和尚之前，论辈分是空海的师祖。

因鉴真（688-763）也修天台宗，智证大师圆珍曾经记载，年长 5 岁的唐玄宗国师一行禅师是鉴真的法兄，似乎鉴真和尚成为联系天台和密教的纽带。

所以鉴真与空海的因缘，恐怕就是通过圆珍融合了真言宗和天台宗两位始祖的恩怨，使之你中有我，我中有你？

不知为何冒出这些念头？鉴真和最澄有瓜葛吗？

近乡情怯，路变得敞亮开阔。10 点 17 分，11.29 公里，终于绕上 88 番医王山观音院大洼寺，太阳出来了，1230 公里。

I arrived！我到了！

敲了钟，最后听一边遍路上的钟声。

有个金发女生在钟楼转悠，说路上看到我跑步。我笑了笑，在钟楼前的台阶坐下，右脚是重灾区，脚背磨出血，脚底裂了个大口子，用创可贴和肌效贴贴上，保证凉鞋不再磨擦到。

庙里转了转，找到大师堂边上的宝杖堂，据说空海大师最先把杖放在这里，以后到达的遍路人也都把金刚杖奉纳于此，越攒越多，玻璃镶着一圈儿，里面是数不清的杖，成为一景。

四国遍路让我时刻观注自己的吃喝拉撒睡，以及身体，感觉，情绪和念头，日复一日，伴随呼吸调整，活脱脱一个动态四念住。

研究呼吸多年，生命在于呼吸之间。一呼一吸，一吸一呼，那么习以为常的事原来镶嵌着健康快乐密码，等待所有人去解锁。四国遍路于我是一个身体极限挑战，但呼吸之间，仍需要放松，身体在地狱，心灵在天堂，做到了吗？似乎此时此刻身心都在天堂。

心情很平淡，似乎没有完成 88 座庙的兴奋。纳了经，在庙门口高高的台阶上照了相。

10 点 30 几分，答应请孩子爸吃 88 番庙前著名的乌冬面。出门就看到乌冬面店，被热情地招呼进去，野田屋的司机居然也坐在店里。原来 88 番久负盛名的乌冬面跟野田屋是同一家！山上挺冷的，10 点 45，热腾腾的汤面上来，身上立刻暖和起来。司机送了两杯咖啡当御接待 Osettai，我象征性地喝了一口，大家一起合影留念，严重怀疑他就是野田屋老板。

11 点结账告别去第一番，感觉完赛了，可挑战似乎远没有结束。

一路都是下坡，风景优美，太阳妥妥地照耀着，从早晨的阴雨变成大晴天了。

顺着公路下坡跑了一会儿，看到一大早出发的那位遍路人，在路对面一个屋前休息，昨天没问他名字。我们速度不慢，居然追上了，大家招手，告别，我们去第一番了。

顺着小路，在山间穿梭。11 点 45 分，田野里看到香川和德岛的分界线，留影一张，又回德岛了。

一路都是去 10 番熊谷寺的标示，沿着德岛平原的山谷，基本没停。太阳高照，好热，说好的下雨呢？这条路基本向东，时不时看到空空的水稻田，是收获完了还是准备插秧？远山，蓝天，白云互相映衬，一片富饶的景象。

本来订第 6 番宿坊是想今晚停在那里，明天再完赛。可一念之间，心里就想着今天结束，提前一天不说，还可以多逍遥一天。

安乐寺那边一再提醒入住不要超过下午 6 点，如果直接跑到第一番，回来肯定 6 点以后了。过了 10 番熊谷寺，看一下地图，去 6 番办理入住也就多绕出两公里，基本顺路，从 6 番到 1 番还有 12 公里。就这么定了，先去办理入住，有时计划也要灵活。

两人都很累，孩子爸嘀嘀咕咕，要不今天就到 6 番，明天再去灵山寺也不迟？我铁了心，今天就是爬也要爬回第一番。他无法理解，刚渐入佳境，就要结束？而我仿佛马拉松，百公里，百英里已经听到终点的欢呼，冲刺是唯一的选择，两人不在一个频道。我心平气和，你到了宿坊可以休息，真的不用陪我。

40 公里的样子，三点半到了 6 番安乐寺，这里已经是板野郡上板市了，灵山寺在鸣门市，还得一个多小时。

前台和尚办理了入住手续，给了两个纸袋子说要好好阅读，参加晚上 7 点的仪式。他说六点半吃晚饭，问晚一点可以吗？答不行。我说，今天还得跑回灵山寺，可能回来会晚，他还是不松口，六点半晚饭不能晚。这里包早晚饭，每人 8300 日元，给了和尚 16600 日元。大不了晚饭不吃了，但最后 12 公里必须跑完，终点必达。

把不用的东西放在房间，收拾收拾，继续往灵山寺跑。孩子爸停了表，打算歇了，他累了，一路都在唠叨，明天再完赛吧，干嘛今天一定结束？

一个人出门，他又追出来。

一路跑，右小腿迎面骨特别痛，仿佛重蹈遵义会师那天的状态。但还是那句话，终点必达。

沿着县道 12 号，离鸣门越近越繁忙，跑过无数 12 公里，这个特别漫长。

快到时，在一个 7-11 便利店买了晚饭，万一赶不上庙里的饭，还有吃的，6 番门口什么都没有。

拎着食物，在疼痛中倒数，500 米，400 米，300 米，200 米，100 米，下午 5 点59 分 31 秒到达竺和山一乘院灵山寺，天还没黑，久违了。

52.63 公里，9 小时 44 分 31 秒，累计爬升 562 米，从终点回到起点！

各种摆拍。这回仔仔细细打量灵山寺，小巧柔美，别有韵味，一番派头十足，是我的内心更加坦然和放下了。

庙里一个人都没有，纳经所早关门了，两个人里里外外转悠，拍照。

居然在门口的一张长椅上看到出租电话，打过去，叫出租车，学着平野先生，告诉线那边的男声我们在 1 番，要去 6 番，男声回车 5 分钟到。不一会儿出租真来了，第一次在日本成功叫出租，比完赛还有成就感。

坐车回到 6 番安乐寺宿坊正好晚上六点半，晚饭丰盛。

完美，圆满。

感到前所未有的释怀，这辈子，终于做了一件自己想做的事。至于说为什么，各种理由，但好像就是被一股无形的力量牵引。心愿达成，可以安心做任何事情了。

没有兴奋，激动，夜不成寐，内心很安静，平和，喜悦。大喜大悲已经消逝了，剩下的是淡定，波澜不惊。

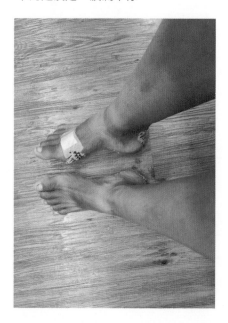

当晚太累了，孩子爸去了晚上的仪式，摸了主尊药师佛的脚底和大腿，据说心想事成。我接受南华早报 SCMP 采访后就已经累得动不了了，可以安心睡个懒觉，明天终于不用跑了。

第二天再回灵山寺，意想不到地在纳经帐封底签了字盖了章，真不知道第一番回来还要再签字盖章。

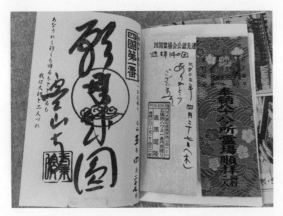

更令我没想到的，是当晚入住灵山寺边上的民宿 Henro House 一番門前通り，遇到女主人"80 后"高原女士，受赠彩色织锦纳札。老人家走过遍路 140 次了，即便借助汽车，那也非常了不起。旁观的大家都说，得到织锦纳札的福气如同自己走了 100 多次遍路。

回来阅读有关遍路文字，有记载的自补给完成遍路最快时间 Fastest Known Time FKT 是 28 天，而我的 27 天，被南华早报记者认为是最新自补给的 FKT，没想到。

功德圆满。

1272.32 公里，网传 1147.7 公里，271 小时 45 分 02 秒，累计爬升 19564 米，网传 24379 米。少了 4851 米爬升，多了 124.62 公里距离，总用时 26 天 6 小时 33 分 31 秒。

What an epic journey!

尾声

平时的日子浑浑噩噩，而遍路的每一天都在成长，在进步，在改变。身体的强大负担，让心灵被迫时刻都在迅速重塑，身心努力尽快合一，才能面对每天的非人挑战。遍路一天一天认知的改变，都是当日经验教训的总结，虽然事后觉得显而易见，可不亲身过完那天，当时就是只缘身在此山中，懵懂无知。

第 17 天盲目爬野山就是个深刻教训。为了不走峠御堂隧道，念头一动，从山上绕。当时敢那么做，因为体力好，天还亮着。可山上标记不清，迷路了。好几次想下山原路返回，又不甘心。仗着艺高人胆大，不断沿着野路往上爬。一开始还穿着凉鞋，中间下雨下冰雹，走投无路时，才换上正常鞋，亏了随身背着。海拔 700 多米看不到下山的路，在山上折腾了半天，倒下的树和溪水挡住去路，来回好几次，终于下定决心，趟着溪水，抓着树干下来，找到正路。为了过这个 600 米长的隧道折腾了快两个小时，至今心里仍有阴影。真是 No Zuo No Die!

知行合一，不是说说而已，要行过才能知，知后才能更好地行。据说走了大师的遍路，可以去除 88 种烦恼，获得 88 种智慧：

- 第 1 天才知道拜庙是需要时间和距离的，学会脚踏实地，面对现实。
- 第 2 天知道阻挡脚步的是肩上的重量，学会舍弃和放下。
- 第 3 天就想坐车放弃，事不过三，坚持下来，山重水复。无意间弄丢东西，把管理好自己的财物放在心上，以免带来更多的不便。
- 第 4 天超长，无论爬升还是距离，最后快 20 公里的国道，天黑，一个人，学会忍耐和接受，增强了对自己的信心。黑天跑国道的安全隐患，也奠定了超长日早起的决心。
- 第 5 天脚痛，几乎全部是国道，脚痛到不能前行，到民宿 Michishio 时上楼都费劲。学会与痛共舞，接受身体痛，不增加精神痛。提醒自己的潜能光脚跑，要善用。
- 第 6 天鞋就漏了，外部条件没影响情绪，因地制宜，走出一条光脚，穿袜子，换鞋垫的新路。学会接受发生的就是合理的。
- 第 7 天碰到民宿水仙的主人，主动帮我运送包裹，学会信任遍路上的陌生人。
- 第 8 天，迷路迷路迷路，学会认路，学会处理各种不顺的同时，有好心情。
- 第 9 天，脚和身体已经到了崩溃的边缘，提前结束，学会聆听身体。
- 第 10 天，生日，只有 30 几公里，给自己放假，学会劳逸结合，当日丹麦遍路人一曲丹麦语生日快乐，点亮了生日蜡烛，感恩生活中的小确幸。
- 第 11 天，走自己的路去一个两星"奢华"酒店，学会善待自己。
- 第 12 天，经过大师打坐的山洞，可以看到天空和海洋，成大事的人都是狠人，对自己狠。
- 第 13 天，遇见 Shimaya san 岛屋先生，Omura san 大村夫妇，都是让人耳目一新的平凡人，学习欣赏别人。
- 第 14 天，只有 30 几公里，学会休息，劳逸结合。

- 第 15 天。里程最长的一天快 70 公里，然而精神愉快，腿脚基本给力，得益于前一天的"休息"和最后 17 公里的奔跑拼关门。
- 第 16 天，有了凉鞋，在内子老街住进 Bare Guesthouse 的女生宿舍，发现没有单间的住宿虽然与他人有更多联系，但还是影响睡眠。
- 第 17 天，盲目爬野山，进入险地而不知，要控制风险，别得意忘形。
- 第 18 天，在 51 番边上的民宿，遇到 Yuji，遇到美纪，遇到大统领，平凡的人让我感动。
- 第 19 天，橙子园又重演迷路一出，总是不想走回头路，要善走回头路，降低迷路成本。
- 第 20 天，昨天路上送给平野先生半个橘子，晚上同住仙游寺，他帮我搞定明早的出租。帮助别人是最好的开心药。
- 第 21 天，住进温泉酒店汤之谷，学会放松，照顾好自己的需求。
- 第 22 天，80 岁的活"雷锋"川崎先生仍在无私帮助遍路人，是我的榜样。
- 第 23 天，吃亏是福，绕远登上云边寺不吃亏，随缘。
- 第 24 天，庙宇是城市能量场的高点，寻找失落的大唐遗迹。
- 第 25 天，饭要一口一口地吃。
- 第 26 天，该放弃时要放弃。
- 第 27 天，该坚持时得坚持。

　　我一天一天顺时针移动，路上的民宿仿佛接力一般迎来送往，成为我每天的终点和起点；而经过的便利店，当地人民的御接待 Osettai，每一座庙宇，则如同一个一个 CP 补给站，把我送往当日的终点。日复一日，多少人的努力和因缘，得以完成遍路。真是个奇迹，没有如此浓厚的遍路文化，完不成心愿；然而不树立目标，不脚踏实地，不因地制宜，鼓起勇气，也完不成 1200 公里的旅程。众多因素聚合，有了一个完美的遍路体验，今生的幸运和褒奖。

灯笼堂内起起伏伏的诵经声催人入睡，我的思绪，也随时空流转。

　　鉴真第六次东渡，与留学唐朝的晁蘅（阿倍仲麻吕）有关系。晁蘅唐玄宗，代宗，肃宗三代为官，他的朋友圈是李白，王维等名流。

　　因为受到玄宗宠爱，一直不许他回国，当时西渡东渡都是九死一生。753 年 6 月，晁蘅 56 岁，入唐第 37 个年头，唐玄宗才批准他回国，而且是代表玄宗作为中国使节回国，他带领中国使团以及日本遣唐使藤原清河去扬州拜访鉴真邀请他东渡。

也正是晃衡这样的影响力，可能促使失明后的鉴真下决心与使团第六次东渡。

然而海上风高浪大，晃衡的船遭遇风暴，九死一生，流落越南，最终没能回国；而鉴真的船则被吹到日本，成功东渡。

鉴真东渡，带给日本的除了戒律，还有天台宗的经书，因为他本人也修天台宗。而此举激励了鉴真圆寂后 4 年出生的最澄 （767-822），19 岁就开始研究鉴真传来的《法华玄义》，成为日本天台宗始祖。

鉴真对最澄的影响要远大于空海，但最澄从某种程度上成就了空海的旷世传奇，而空海对日本的影响则渗透于血液之中。

谁会想到，1250 年前那个呱呱坠地的贵物，那个在室户岬山洞观海天的青年，那个青龙寺接受惠果灌顶的壮年留学僧，那位灌顶最澄的密教高僧，那位高野山入定留身的慈祥长老，成就了我 27 天的环四国之旅呢？

因缘和合，神奇化异。

美丽的高野山，曲折的女人道，古朴的金刚峰寺，神秘的奥之院，如今我居然坐在空海大师的御庙前。一路走来，如此圆满，冥冥之中，被一股无法言说的力量牵引。

一念之间，人生走到这样一个神奇所在。

仿佛有人突然动了一下按钮，灯笼堂内的诵经声嘎然而止，我从遥远的思绪中回到现实。

大师，都听到了吗？

我来了。

我走了。

冲着御庙门再鞠一躬，沿着寂静的奥之院，穿过高野山寺庙包裹着的小街道，拜别坛上伽蓝，金刚峰寺，根本大塔，红色山门。

女人堂右转，顺着山间幽静的京大坂道，一口气跑下极乐桥，重回久别的人间……

心愿

走四国遍路的原因各不相同，但每个人都有自己的心愿，叫做结愿之旅。

路上遇见的遍路人，如果不主动讲，不要去问他原因，这也成了遍路不成文的规矩。

大疫不过三年。2020 年 1 月 29 日到 2023 年 1 月 12 日，我没有离开香港半步，跑遍了维多利亚港口周边，狮子山上下和大屿山的犄角旮旯。2023 年初，世界重启，已经不习惯参加比赛的 ABCD，更喜欢无拘无束徜徉于山野之间。

2020 年跑四国遍路是父亲在世时结下的愿，可以带着 80 后的老父同游，看我的文字是他晚年的最爱。然而，他老人家 2020 年 11 月仙逝，因为疫情无法见最后一面，遗憾终生。他离开的那个月，我一个人跑了快 400 公里山路，自补给，自导航，心太痛，感觉不出身体的累和痛了。跑步让我渡过那段哀伤期。

两年，心情才平复。2022 年 12 月底母亲又新冠肺炎住院，在陪伴她的日子里，下定决心，等母亲病好，一定要走一遍四国遍路，日本有走遍路为父母祈福的做法，我也想这样做。

2023 年 1 月 8 日，两地通关，第一时间回老家，看望新冠肺炎入院的老妈妈。19 天之后，她老人家康复，我回到香港。

从老家回来，继续投入专业书写作，还有一个月不到，要赶出来。本想 2 月底交稿后重续四国遍路，没想到家里菲佣的母亲也病重。她回家探亲，我就不能动了，孩子多，负担重，没人照顾不行。

可四国遍路总在脑海中出现，干脆买了机票，2 月 9 日定了高野山 5 月初的两晚寺庙宿坊，之前的日子几乎都满了。

现在是最年轻的时候，要做，就趁早，人生苦短，时不我待，毕竟也是 1200 公里，自负重，自补给，不是容易的事。

等菲佣回港已经 3 月中，我也下定决心。一来为母亲的健康祈福，这在日本也很盛行；二来冥冥之中带疫情中过世的父亲走遍四国。有时忍不住扪心自问，如果 2020 年成行，会怎样？后来的一切都会改写吗？然而人生就是这样无常，理智告诉我，无法改变过去，没有如果，无法重来。

我仍然可以在遍路上与父亲跨时空对话。

还真神奇，在遍路的某一晚，梦到父亲，他说，应该让妈妈看看你的每一天，说得清清楚楚。我在想，用怎样的方式呈现我的四国体验？可以让老母亲也身临其境？剪辑一个视频，还是写一本书？

　　然而语言，文字和多媒体图像只能传达部分遍路体验，就如同你做不了我的梦。第23天，在四国88所最高的66番云边寺，把祝所爱之人健康喜乐宁静的愿留下时，内心是无法诉说的安稳踏实，我做到了！

　　离88番还有22座庙，刚刚走入涅槃的道场，已经先知先觉，结的愿实现了。

May all be well, comfortable, peaceful and happy!

后记

　　四国回来，一直纠结要不要写四国遍路？花了靠近 272 个小时连走带跑，可能创造了 1200 年以来自补给的 FKT Fastest Known Time，可要落于纸上，出版成书，恐怕时间得 double 甚至 triple，交稿时才发现是 sextuple！

　　写作进展不大，因为一直在犹豫，花那么多时间精力把 27 天再用文字呈现一遍，有何意义？找不到意义，缺乏动力，所以一直踟蹰不前。

　　回来第一个月，每天沉浸在完赛的回忆中，还没等下定决心，积极动笔，就染上新冠，该来的还是要来。孩子爸首先中招，我是密接，防不胜防。

　　在遍路上，觉得自己 invincible 战无不胜，中招新冠，才意识到也是血肉之身。恢复不如想象的快，心情忽高忽低，如果快乐得用脚来衡量，当不得不固步自封，如何保持身心愉悦？

　　码字一直不都是利己利他的事情吗？生病期间看了美国百岁老人 Mike Fremont 的采访，Mike 是世界 88-90 岁年龄组全马纪录保持者，从 69 岁开始全素。问到他的人生经验，答，人的一辈子要帮助别人，为人民服务，才会快乐。恍然大悟，我可以用什么来为人民服务？我的每一个极限挑战都是利己的，然而写出来，落于笔下，让人看到，鼓舞人心，会产生积极影响，这不就是用自己的方式服务他人吗？想通了，坦然了，可以全身心投入写作了。

　　没想到新冠对体力和脑力竟然有如此大的消耗！亏了遍路期间没染疫，否则肯定弃赛。3 周，在混混沌沌中度过，一次写作精力无法集中超过一小时，曾经连续写 6-8 小时的我，彻底无语。体力跟不上，脑力也不好。好在脑体的恢复每天都在进步，慢慢延长码字时间。就当是精神的超级挑战吧。

　　打算顺道把《百国百马》也一并出了，买一送一，作者现金收益全部捐给慈善机构。

　　日本天台宗高僧进行过两次 7 年千日迴峰修行的酒井雄哉写过一本书叫《一日一生》，告诉世人他是如何完成 14 年 2000 个马拉松修行的，最有效的法门就是把一天当一辈子过。

　　我 27 天四国遍路 1272 公里的旅行当然无法达到一日一生的境界，但马拉松和尚的修行故事是我完赛的楷模和动力，而酒井雄哉一日一生的心理建设，也是支持我完赛的精神支柱。为了纪念那难忘的 27 天，借花献佛，讲讲我 27 天的一日一生。

　　题目一直在改：27 天，一日一生，呼吸之间，苦尽甘来，一念之间，心路演变的轮回。把一日再细分到时分秒，题目定格在呼吸之间，一吸一呼，一呼一吸，就是一个轮回。然而似乎有人用过，想想感觉怎样，过得好不好，完成怎样的挑战，人生有怎样的遇见，不都在一念之间吗？

　　总觉得写遍路比走遍路难，如果能把这段经历用文字固定下来，是最好的历练。身体走一遍遍路，让心灵再走一遍，赋能转化这中间的挑战，练了身，练了心，可遇不可求。只有我，经历了如此的极限挑战，有可以付诸文字的资本。这件事虽然难，但有一日一生，呼吸之间的磨练，有什么理由不做，做不成呢？都在一念之间。

　　把写作过程当作心灵的历练，接受其中的高高低低，从低低走向平静喜悦，这也是想向读者传达的遍路体验之一。

　　跑步 10 年多，完成一张"大单"，多年心愿达成，此生无悔，看到另外一个波澜不惊的自己。如今坐下来，细细体味路上的一切，心怀感恩。然而也不是没有代价，遍路中右脚的足底筋膜炎不但没有发作，反而以毒攻毒治好了；出发前左膝盖的不适，也在日复一日的护膝调整中痊愈了；担心的左脚足底筋膜没有发炎，而从来没有关注过的左脚脚后跟儿却出了问题。遍路回来 5 个多月，一直痛，每天不能超过 10000 步，好像遍路上过生日那天就开始痛，不过被其它的痛淹没了，没有引起重视，直到完赛后两周。隐隐的痛一直伴随着写作，成了背景基调，每天运动无法超过 6 公里。还能重返我热爱的山野超马吗？半年以来，一直在扪心自问。

　　足足 3 个月，才码出草稿。跟遍路一样，想放弃时就换个念头，先写完这一小段再说，如同先走到下一个便利店。一个字一个字，如同一步一步，用手把遍路码完。然而与跑完遍路不同，无论刮风下雨艳阳高照还是迷路受伤，一日一生，到店就是胜利，不在乎速度怎样，步频步幅如何，心率高低。然而，草稿写好，只是万里长征刚刚飞夺泸定桥。天下文章一大改，又足足 60 天，改了 8 遍，才改到心中想要的模样。

　　古人推崇立言立德立功，现代人立言最易，但不要胡言乱语。写书，是对人类文明最好的贡献。以后都 ChatGPT 了，估计人类肉脑的文字作品会越来越少，越来越珍贵，成为奢侈品。

　　趁还有体力，愿力和脑力，尽绵薄之力吧。

Cat

2023 年 10 月 4 日于香港九龙维景酒店

四国回来，因为左脚后跟儿痛，开始了一项新的运动，打乒乓球。国内长大，居然从来没碰过乒乓球拍，从零开始。教练曾有过网球肘，介绍了一位中医，一问，可以治脚。于是人生第一次针灸，5 针脚后跟儿留针 45 分钟，外加脚下艾灸"烧烤"，膝盖红外线灯照射。医生说，脚太寒了，要扶阳。待 5 针拔出，血从脚底喷出，滴在报纸上一滩。如此"放血"反复几次，居然见好，太神奇了！

　　心又开始荡漾，如果痊愈，下个月的大屿山 100 就能成行，对了，比赛两天，第二天还报了人生第一个乒乓球比赛，到底是用脚还是用手，还是手脚并用呢？

　　国庆后两周，我的精益求精脑，迫使自己把手稿又改了三遍，第 11 稿了，学海无涯，必须停笔交稿。

　　人要远行，而打乒乓加无限度码字，手开始痛起来，难不成也得针灸艾灸一番如脚炮制？所有的代价都值得。

　　满心欢喜。

Cat
2023 年 10 月 20 日于香港大屿山

装备清单：

1. Ultraspire trail running bag from Translantau 100 大屿山 100 使用过的蓝色 Ultraspire 越野包；

2. Salomon soft water sack Salomon 水袋一个；

3. Stamping book smaller size 小一号纳经帐 Noukyocho（第一番灵山寺有卖）；

4. White T shirt with Nanmu Daishi Henjo Kongo ordered online 网上购买的白色 T 恤背后印有南无大师遍照金刚 （一般遍路人使用的斗笠 Sugegasa，金刚杖 Kongotsue，白衣 Hakue，笈摺 Sode-nashi（无袖白衣），轮袈裟 Wagesa，头陀袋 Zudabukuro，念珠 Juzu 等都没有购买和使用，不适合跑步；注意上厕所时，不能把轮袈裟、斗笠、纳经帐和念珠带进去，以免不洁）；

5. 200-300 张白色纳札 Osamefuda （遍路上的规矩，走 1-4 次用白色，5-6 次绿色，7-24 次红色，25-49 次银色，50-99 次金色，如果走过 100 次以上，用织锦纳札，市场上不卖，要定制）；

6. Shikoku Japan 88 Route Guide 2023 photos on cell phone (book given to Sudachian) 四国日本 88 路线指南 2023 年版，有详细地图，第三天因为太重，把地图拍下来，书送给了民宿主人；

7. Smallest size of Vaseline 一小瓶凡士林；

8. Toothbrush and smallest toothpaste from Minshuku 牙刷以及民宿最小的牙膏；

9. One nail clipper 指甲刀一个；

10. Bandaid and PT tapes in different sizes 不同尺寸的创可贴以及肌效贴；

11. Two cell phones 两个手机；

12. One power bank 10000 mAh 10000 毫安充电宝一个；

13. cables and Japanese transformer 充电线以及日式转换插头；

14. Buff hat from Kilimanjaro Extreme Marathon 乞力马扎罗极限马拉松使用过的 Buff 品牌帽子；

15. Two Buff from Translantau 100 and Hong Kong 100 大屿山 100 以及香港 100 使用过的两条多用头巾

16. One pair of Pertex Shield waterproof gloves from UTMF 环富士山 165 使用过的 Pertex Shield 品牌防水手套；

17. One Salomon long sleeve dry fit from Salomon 50 萨洛蒙 50 使用过的萨洛蒙速干黑色长袖上衣；

18. One Engine Bird long sleeve dry fit from North Pole Marathon 北极点马拉松使用过的红色引擎鸟长袖上衣；

19. One white short sleeve Camino de Santiago 800 French Way race shirt 白色跑族 800 西班牙法国之路参赛短袖；

20. Two sports bra 运动胸罩两个；

21. One T8 underwear professionally designed for trail running to prevent chafing for daytime 一条 T8 品牌内裤白天用，越野专业设计防磨；

22. One cotton underwear for night 一条全棉内裤晚上用；

23. One Gore black tight thicker for colder weather used for several 100k 多个百公里使用过的 GORE 品牌黑色厚压缩裤冷天使用；

24. One Mammot green tight thinner for warmer weather from Translantau 100 大屿山 100 使用过的绿色 Mammot 品牌薄压缩裤热天使用；

25. One North Face waterproof pants for rainy days from UTMF 环富士山 165 使用过的 North Face 薄防水长裤雨天使用；

26. One Mountain Hardwear Super light down jacket from Mount Everest Marathon, Antarctica and North Pole marathons 珠峰马拉松，南极冰原马拉松和北极点马拉松使用过的 Mountain Hardwear 品牌超轻粉色羽绒服；

27. One white windbreaker from Decathlon to match pilgrimage color 白色迪卡侬防风衣匹配遍路白衣；

28. One short running pants from Decathlon for hot weather and Minshuku arrival 迪卡侬黑色跑步短裤用于大热天和民宿到站；

29. Two pairs of Injinji five finger socks Injinji 五指袜两双；

30. Bought a pair of regular socks from FamilyMart and used for a couple weeks and walked with them everyday for 1-2k, then threw away 路上在 FamiyMart 便利店买了一双普通袜子，用了 10 来天，主要用于每天穿袜子走 1-2 公里，后来磨坏扔了；

31. One pair Skinz waterproof black socks used at Antarctica Marathon 南极冰原马拉松使用过的 Skinz 品牌防水黑袜，后来发现大雨也没用了，主要用于白天穿袜子行走放松脚，后来因为减重也扔了；

32. Two waterproof bags for packing , rainy days and attached to trail bag 两个防水小包放东西，雨天防水，以及外挂在越野包下；

33. One pair Zero minimal shoes from HK100, Trailwalker 100 and Translantau 100 香港 100，毅行者 100 和大屿山 100 使用过的粉色 Zero 品牌极简鞋一双；

34. One pair Teva sandals from HK marathon 香港马拉松使用过的黑色 Teva 品牌凉鞋一双；

35. One Gym Aesthetics knee protector to wear from one knee to another daily Gym Aesthetics 品牌薄护膝一个，白天两膝轮流使用；

36. Ponchio from FamilyMart (RXL Raincoat lost on Day 7) FamilyMart 买的一次性雨衣（RXL 品牌雨衣第七天丢了）；

37. One Black Diamond light headlamp for super long day after sunset Black Diamond 轻型头灯一个用于超长日；

38. Fanny pack 腰包；以及

39. Cash, credit card, passport and pen 现金，信用卡，护照和笔。

参考资料：

- https://wwwtb.mlit.go.jp/shikoku/88navi/china/history/
- https://88shikokuhenro.jp/shikoku88/#kouchi
- http://henro88map.com/pdf/TraditionalChinese.pdf
- https://baike.baidu.com/item/%E9%89%B4%E7%9C%9F/375705
- https://kukaikobodaishi.com/history.html
- https://baike.baidu.com/item/%E5%94%90%E5%AF%86/5338474?fromModule=lemma_search-box
- https://books.masterhsingyun.org/ArticleDetail/artcle2774
- https://www.bukon.org.tw/konhi/konhi.htm
- https://zh.wikipedia.org/zh-hk/%E5%9B%9B%E5%9C%8B%E5%85%AB%E5%8D%81%E5%85%AB%E7%AE%87%E6%89%80
- https://baike.baidu.hk/item/%E7%A9%BA%E6%B5%B7/93409
- https://zh.wikipedia.org/wiki/%E7%9C%9F%E8%A8%80%E5%AE%25
- https://zh.wikipedia.org/zh-hk/%E6%9C%80%E6%BE%84
- https://koyasan.org.tw/web/bbs/board.php?bo_table=article&wr_id=11

書　　　　名	一念之間：四國遍路 1200 公里的 27 天
作　　　　者	Cat
出　　　　版	超媒體出版有限公司
地　　　　址	荃灣柴灣角街 34-36 號萬達來工業中心 21 樓 2 室
出版計劃查詢	(852)3596 4296
電　　　　郵	info@easy-publish.org
網　　　　址	http://www.easy-publish.org
香 港 總 經 銷	聯合新零售 (香港) 有限公司
出 版 日 期	2023 年 12 月
圖 書 分 類	流行讀物
國 際 書 號	978-988-8839-45-2
定　　　　價	HK$128